竹堂閒話

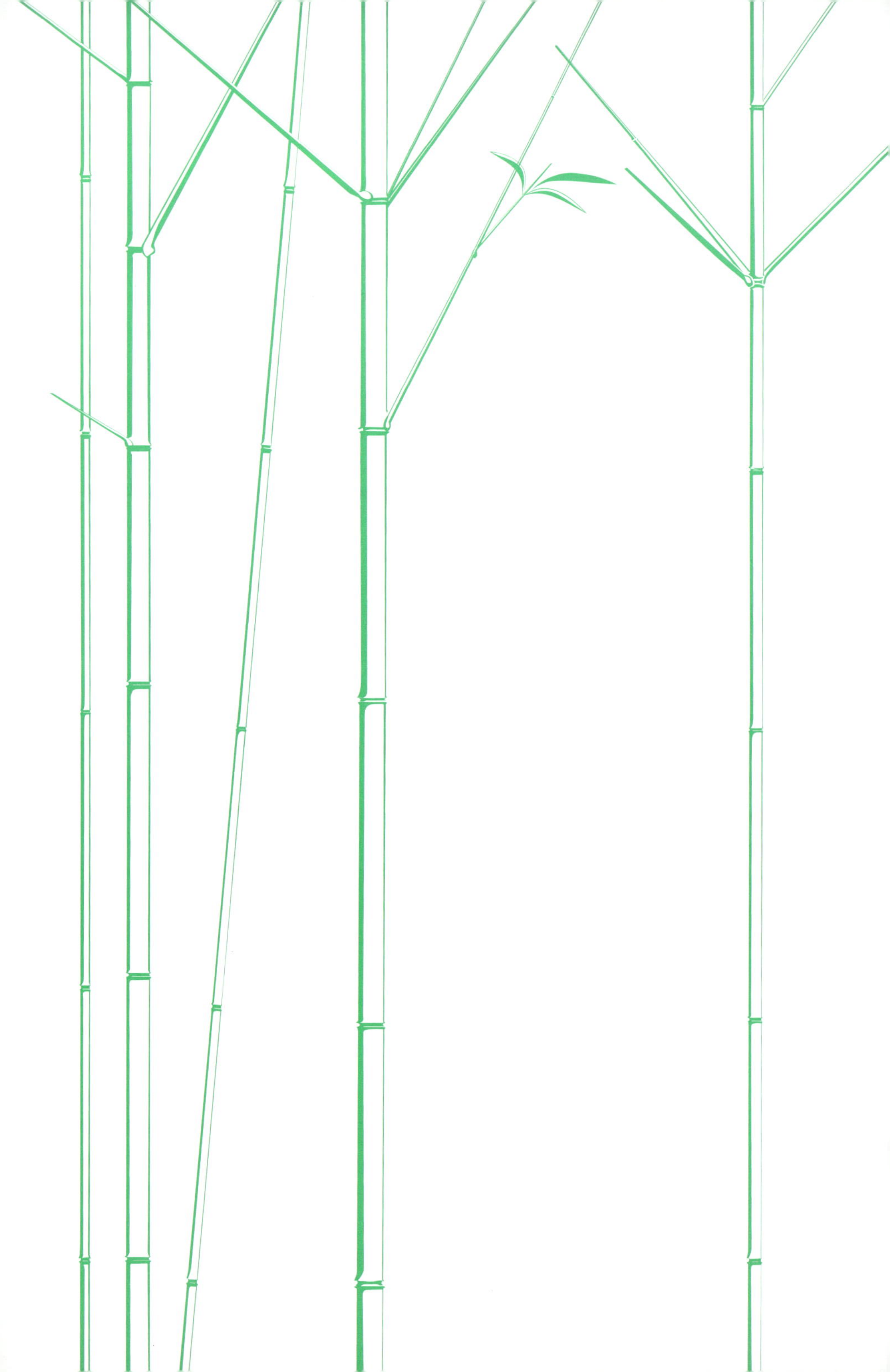

竹堂文丛

竹堂闲话

孟会祥 著

海燕出版社

自序

这是一本散文随笔集。

现在，写书的人比看书的人多，我也不知道这本小册子值不值得花钱去看——大抵是不值得的。倘若被您看到，而且买去，而且略翻数则，是缘分；被您看到，拿起来又放下，或竟目光没有停留，也是缘分。譬如路旁细碎的小花，摇曳在阳光和风中，您看见也好，没看见也好，不小心踩踏过去也好，转瞬之间，目光、脚步和小花，都将老去，将消逝，世界在悄无声息中已经更新了。

我是一个卑微的人，写的是卑微的事，发的也是卑微的感慨。即便写文章就是想让人看，但始终抱着一份诚恳之心。此时、此地、此情、此感，连缀起来，是自己的一串记事珠。仅此而已。

2014年9月14日，坐雨竹堂，自序

目录

1 **涉事**

45 赏会

75 人物

93 **感喟**

127 **游语**

涉事

涉事

尝见八大山人书涉事二字甚妙

李阳先生办一杂志以之为刊名亦显品位

遂辑名为涉事记吾所涉之事耳

予卑湖人不记之之迹也实为高士一哂

然感慨不亦之留同事者乎

台湾水竹

2004年9月18日星期六晚，上街吃了饭，按惯例，在小小的黄家庵村里转悠。据说晚9时18分要拉警报，纪念“九一八”以铭国耻，时间也快到了。忽见一辆三轮车拉着些花在卖，一个女孩正在买一盆小小的龙舌兰。我走上前去，看到一盆高高的绿色植物，虽不是竹，但与竹有点相同之处，就问价，卖主说：“六块。”

我决定购买。等到那个女孩带着龙舌兰走后，我又问价，卖主说：“五块吧，看你实心要。”

“可是，离我住的地方有点儿远。”

“我给你送去。”

于是，我领着三轮车到门口，交了钱，搬着花上了楼。到楼上，擦去塑料花盆上的泥污，把花放在电脑旁，这小小的房屋，顿时绿了起来，显得有点生机了。其实我早就想在屋里养一盆花，养一盆纯绿色的、像竹子的、高挑的、并不开花儿的花。否则，这个小屋之中，除了我，连一点有生命的东西也没有，甚至蚊子都不光顾，真有点沙漠的感觉。而在家里，妻把长长的阳台上种满了花，四季花开不断，夏秋季节入夜时蟋蟀吱吱地鸣叫不停，真让人有家园的感觉。

于是我想到自己养花的历史。大概在大四的时候吧，张玉玺与我一道到公园去玩，看到有出售的小盆花，大概花了三毛或五毛钱，各自买了一盆文竹。我把花养在宿舍的桌子上，同屋的人喝剩的水随手浇到盆里。没多少天，居然发出一箭新绿，嫩得像婴儿的眼神，像露珠的影子，让人惊异而怀恋。那时，我开始恋爱，心中常常对自己有所鼓励，对世界有所期望，这一箭新绿，好像给我许多暗示、许多信心。这是二十年前的事了，这盆花后来的结局，我早已忘了，好多事情都忘了。

毕业后，转眼就到了深秋。常有拉架子车的兜售菊花，是那种开得极艳的菊花。家乡的菊花是野菊花，最大的要数金钱菊，也就铜钱那么大。我在老家种过药，药菊花白色，朵儿比金钱菊大，但花瓣并不婀娜。上大学时，我才从画报上见到培植的菊花，万紫千红，尽态极妍，真是让人心驰神摇。看到这样艳的花，而且能够拥有，真有一种说不出的成就感，随即买了两盆。菊花是多年生草本植物，原以为从此坐拥南山，没想到这是插花，生命极其脆弱。十月花谢，十一月就是小阳春，花盆里居然生出好多小小的菊苗。我知道这并非生机，而是死亡的征兆，但也无可奈何。有些事情，真是无能为力的。

1988年春，张玉玺到襄城找我，我们同去紫云书院，路上采了迎春花。回来后，我专门弄了个花瓶插起来，放在桌上以为清供。背景则衬以沙曼翁写的“读万卷书行万里路”的横幅。当然，横幅是印刷品，不过印得很精细，书法家李剑舟曾以为是原作。晚上，看着自己摆出来的这幅活色生香的清供，不免又生出些书生式的豪情。其时我曾经整日以泪洗面，也许由此，从料峭的春寒中渐渐抬起头来。此年我结婚，时23岁。

离家到外地工作后，见的花当然多了，但再也没有养花的心情，一日懒于一日，我也知道我养不活花的。前年，一位老乡搬家，她有一盆馒头大小的仙人球，没舍得扔掉，就送了我，放在我的窗台上。仙人球耐旱不宜多浇水，正适合我来侍候。我时常看见那长刺间的暗绿，就以为它好着呢。但不知什么时候，仙人球早死了。

今天，本来想回去的。可是，想到回家二十四小时，而大约有八小时的车程，这几天又少气无力，就算了。晚间张玉玺打来电话约我吃饭，我想到基本上是他们班的同学聚会，我一人夹在其中，反而弄得大家生分似的，就不去了。晚间得此花，也是一种缘分吧。这株台湾水竹色翠绿，茎颀长，叶似竹似兰，婷婷的，像升起的一朵朵苍翠的礼花，又如此起彼伏的梦幻。相看不厌，真是令人欣慰。我与这株水竹都是生命，都在经历着、完成着自己的过程，如果能够相互带来点生意，相互带来点安慰，相互带来点希望，也算各自不枉了。

今夜

为了赶春节期间的报纸，这几天忙得真是晕头转向。我知道，长此以往，我就会对文字越来越不敏感了。比如庄稼人，如果天天过的是五黄六月，恐怕也会对土地和粮食失去敏感一样。前两天颇为近期内身体安泰所慰，没有感冒，也没有拉肚子、肚痛，不知不觉之间，往日对身体的自信又升腾了起来，以为天下最好的身体，也不过如此。孟子说过“我善养吾浩然之气”，差不多也便可以自任了。然而好景不长，星期六，无端感到染上了什么病，具体是什么病，却又说不清楚，反正是内心如有隐忧的样子。然后觉得肚子不舒服，吃了两片泄痢停，果然停了。随即，觉得微微发热，像是要感冒了。于是买了些双黄连口服液和螺旋霉素，吃了，略好一些，然而说话声音变得越来越有悠远感，分明是真的感冒了。今夜回单位又迟，一时便提不起吃饭的兴趣。算了，不吃了。临走，隔窗看到周文俊老师在热饭，犹豫了一下，还是回去了。其实肚子里没什么东西，如果撇开慵懒的精神状态，是绝对应该吃饭的。走到小区门口，碰上潘娅楠和赵锦锦，她们居然去买了酸奶来喝。这东西，这么冷的天，我是肯定不敢喝的。于是问她们，要否一起吃饭，她们说不吃了。到黄家庵村口，有卖烙馍的，卷了青菜、平菇、藕丁，在平底锅中煎得焦黄，那咝咝的响声和焦生生的黄色吸引着我，我受不了这么大的诱惑，买了一卷，且走且吃。到家门口，又去药店，我对常见的感冒药已经没有兴趣了，买了一种没吃过的药，叫什么羚羊什么片吧，一盒才两块五，且吃吃看。

上得楼来，先把为侄女买的手机装在包里，预备着再停两天，如果工作做完，允许回家时，提了就能走。买手机肯定要花钱，其实我也心疼钱。只是，我为侄女真是什么也没有做过。我在买现在用着的这个手机前，侄女居然把她仅有的一点钱送给了我，那时，我正穷困潦倒，日子过得数米量柴。昨天我把旧电视机送给外甥了。这个电视机，十多年了，送给外甥，其实也有点寒碜。去年年关，我没有到两个姐姐家去，她们都渐渐老了。我的亲人们，对我全是给予，我总是一无报答，从这方面看，我是自私的人。其实我把这个电视机送出去，也是为自己打算，我想看十一频道戏剧节目，而这个电视机收不到这个频道。到厨房开了热水，看见剩下的饼干，决定把它吃完。这种饼干鸡汁味，我所不喜，吃完，算是了却一件事情。泡莲子粥，我是按照说明书泡的，但总是觉得饮水机烧出的水温不够，有些夹生似的。这种粥越搅越稠，吃起来，我也疑心这粥粘在胃中，不利于消化。呵呵，小人常戚戚，此之谓也。

我决意今晚什么也不做。我得恢复一下。记得父亲在时，说年三十一定要熬年，熬年不是为了等着午夜和加餐，而是坐下来，说说一年的事。当时以为父亲是随便说说而已，实际上父亲讲得太好了。随着年龄的增长，我越来越不喜欢艰深的东西，而喜欢平实和简单。像这样，一年到头了，想一想一年来做的事，就比什么格言都切实。那么，我这一年做过些什么呢？虽然只不过一年时间，却一时无从说起，甚至无从回忆了。岁月真是可怕。近年来我已不记日记，当然最主要的原因是懒，另外便是觉得记无可记，过得平淡而失意。因为平淡而失意，不免就觉得无法面对自己。不想详尽地记录自己，并不是庸常如我才有的，那些大德硕学，也不免如此。比如周氏兄弟都有记日记的习惯，然而他们的日记，犹如流水账，账以外的事情，只有读者去揣度。郁达夫是风流才子，然而他的不少日记是为了发表，成为一种文体罢了。想想数十年来，沧海桑田，真正敢记下自己的人，或者根本就没有吧。所以我也不例外。小时候学写东西，最先便是学写日记，常常因为想不起来一天要记的事情，弄得焦头烂额。记得我曾有一篇日记记道：“今天出萝卜，今年的萝卜又大又好。”仅此而已。当时我二哥无意中看到了，念给全家人听，全家人为之发笑。现在想来，文虽简单，其实也未必全是写实，“又大又好”云云，也是官样文章哩。日记没有学会，那是当然的，因为这东西本来就是不需要学而能会的，郑重其事去学了，反而学不会。现在日记不写了，周记也不写了，年记也不曾写过似的了。然而今年，我似乎该记下点什么。今年我整四十，以后，要如日之过午，走下坡路了。

于是我首先想到工作。怎么说呢，一句话，无愧而已。平时说学如逆水行舟，不进则退，但凡事功，都是这样。我深深感到劳作的艰苦，同时，也觉得认认真真做点事情，总是好的。然而凡事牵涉，比如操一小舟，一人之力，可以荡万顷之茫茫，而要操一巨轮，则需众人之力，而且要分工合作，每一个环节都勠力同心才好。兹事说来不易，不说了吧。早年见联语："能受天磨真铁汉，不遭人忌是庸才。"前一句深合我心，而独对后一句不解，以为你自己做好自己就是了，何必遭人忌？看来，当时是太理想化了。但是，不论如何，我觉得，在当下，说当下，还是力争做得好点。我不喜欢说无愧于天、无愧于自己，而只是说无愧，这无愧并没有对象，只是一种习惯罢了。

然后想到家人。因为母亲健康，我真得感谢上苍。子曰"老年人戒之在得"，而母亲简直是根本没有得的愿望。无求于人，所以独得真正的平淡。这一点，老人家自己未必会知道，也只是习惯而已。离家出来打工，不觉七年有余了。素娜在家一力支撑，真是不易。上半年家事繁多，工作又累，她简直无力支持，好在事情有了转机。甲申年我虚岁四十，闰二月，有两个生日，素娜都给忘了，当时我真的很失落，后一个生日时，与一个基本上是素不相识之人，对酌了几杯。此后素娜的生日，我居然也忘了。是我们因长期分离而相互疏远了吗？也不是。只是岁月弄人，诸事烦人，转眼间已是中年夫妻，少了些儿女情长了。感情总是难以捉摸的事，然而又似乎手而可扪，有些事，不必说，也说不清，只能慢慢体会吧。孟远中考失利，原在意中。我不想对他要求过严，毕竟他会走出自己的路。想起暑假时，有时对他说的气话，我反过来会时时心疼。儿子不是绝顶的聪明，但也绝不是笨；不是太努力，但也不是太贪玩。直到现在，我还是相信，他会给我争面子的，当然，这作为一种期望也可能。雪蕾已经长大了，我很放心。尽管我什么也没有为她做，但是，总是有一种心情吧。我们经历过太多的磨难，也好，以后什么磨难都无所谓了。

去年的读书生活，真是一塌糊涂，不值一提。前半年因为编教材、写《历代书法技法分析》、整理关于周作人的书，弄得我精疲力竭，曾暗暗立志，永远不再做这种向外掏的活计，因为人不充电真是不行。后半年注意休息，总算有了好转，而工作任务重了，还是没有调整过来。一年以来，没有写出什么像样的东西。不过，读书既然是一种生活，那还是自由点好吧。我曾多次，一闪念间，想到一些有意思或无意思的选题，也就是还想写点什么，而清醒过来之后，我发现自己的积累真是不够。书法外的书，我本来要再通读一遍四书的，因为我还是按四书的基本观点来为人处事的。许多人说儒家迂腐，真是可笑至极。然而我没有能通读，只是读了些片段。不会平仄，常引以为恨，然而以我的资质，早已烙上了河南方言的深刻印记，学这东西，实在是有点难。吉欣璋老师深通格律，好几次让我拿自己的整齐句子让他看，然而我不敢，我不能以胡说八道尘先生之目。

我在书法上没有什么成绩，然而我不失望。我知道我不行，那是与真懂书法的人相比，至于与社会上的书法混子相比，我还没有堕落到那个程度。目前没有什么计划，然而计划会有的，日居月诸，总会有所收获。至于说争名逐利，我哪里能没有名利之心呢？我想，这玩意儿还是等到我精力颓丧，真是无可救药时，再去做吧。近来我忽然不那么懒了，这是令我喜出望外的。有时，一种心情的获得，比什么都可贵，我欣幸自己能以不可思议的机缘，获得这种心情。

我想，不论哪方面的事，都需要有一种朝气蓬勃的心态。否则，活着还有什么劲呢？

本来想一无所顾地面对自己，按超现实主义的方法，或者历史主义的方法，写出一篇关于甲申的总结。而写的过程中，发现这是不可能做到的。记得张中行曾说过，不可写的东西不写，可写的东西照实写。这平常的话，也是至理。那就这样吧。冉冉十一点了，中间为了休息，草书抄李白《将进酒》《行路难》成长卷。

时 2005 年 2 月 3 日，甲申腊月廿五

今晨

昨晚睡得早，十点。袁勇说想见一面，但当时我实在太累了，没有见。吃感冒药的日子，就像这都市村庄的夜，总是半明半暗，昏昏沉沉，以为早点睡，晚点起，必有利于恢复元气，谁知生物钟已打乱，一时并不能拨乱反正。惺忪醒来，又看到了半明半暗的夜，以为天可能快亮了吧。待了一会，天色如故，这才看表，才三点多。强迫自己睡，开了电褥子，一袋烟工夫，就有灼热的感觉了，然而却再没有瞌睡的感觉。于是起床，胡乱洗漱，整理杂务，吃点东西，也才五点半。无事可做。

吾乡民风粗鲁，有“人生三大美”“人生三舒坦”的说法。“人生三大美”是：××、掏耳、咂巴嘴；“人生三舒坦”是：××、搔痒、打呵欠。古人说食色性也，这里面只有色，没有食，而且最不该的，是忘了睡觉。推其原因，可能睡觉太容易，所以显得不甚珍贵了。岛上人家，以只能食鱼为贫，岂不知平陆居民，以食鱼为盛事。只有对睡觉求之不得的人，才知道睡觉是多么美好的事。去年春节流行的一个手机拜年短信，列举了许多求之不得的事，其中就有“睡觉睡到自然醒”一项。

语云：少食以当肉，安步以当车，早睡以当富，晚起以当贵，等等。记不真切了。总之可以看出，早睡晚起，乃富贵的象征。起早贪黑，劳作之命定矣。不论如何操劳，自生迄死，也是大梦一场吧。有一副对联，我只记住了半联，“寤寐小轮回”，一切事情，就像是睡睡醒醒，如此简单。这样的话，总有点酸酸的，没有凌厉之气。《千家诗》里有陈抟《归隐》云：“十年踪迹走红尘，回首青山入梦频。紫绶纵荣争及睡，朱门虽富不如贫。愁闻剑戟扶危主，闷听笙歌聒醉人。携取旧书归旧隐，野花啼鸟一般春。”我怎么看都不像是一个得道的神仙所写，因为不清楚神仙该有如何的作息规律。

但凡睡不着，或远或近，总是有些生活原因的。一旦如此，也不必深刻挖掘，听之任之算了。睡不着，就起来，瞌睡了，就睡。难得糊涂呀！

时2005年2月5日，甲申腊月廿七

父亲的忌日

昨天，农历二月初六，是父亲去世八周年忌日。1997年4月15日，我来到郑州打工，那天正是父亲五七。

一晃八年了。八年来我经历过许多事，再无机会给父亲说。其实，即使父亲在世，我也总是把一年半载经历的事，只用几句话就说完。父亲也不深问。而这八年来，回头看时，我自己竟一时语噎，居然连三两句话，也觉得无从说起了。父亲在世时，是家庭的轴心，而我，像是一个旁观者。有时，我常常陷入莫名的恐惧，觉得我令家里的所有人失望，令所有亲戚朋友不屑。我是孱弱者、逃避者，甚至是多余者。“成人”这两个字，做起来也难啊！

昨天是周二，是我每周工作最紧张的一天。这一天里，我叮嘱侄女和儿子，缅怀他们的爷爷。侄女随姐姐将回老家扫墓。姐姐打电话说，回不了就不回吧。我在繁忙之中，不时回味着经历过并经历着的情感。这一天里，我因为整理一份稿子，想了许多。去工厂的路上，突然想到一件事情，惊得通身是汗，后来想想，大可不必这么惊惧。这一天的报纸上，有我的两篇文章，签报样时，我已经对其中一篇后悔了，然而为时已晚，算了。答应一位作者，发去一个电子文档。午间接到一个电话，说是什么比赛的奖杯没有兑现，咱管不了，只能一番劝慰。这一天里，听到一件事情，就是我大醉后洋相百出；不管是真是幻，当引为警惕。午饭被人招饮，我真是怕了喝酒。姐姐打电话说，老家堂屋，因为堂弟不慎，已遭祝融之灾。祖父留下来的房屋，算是没有了。晚饭时，碰见一个旧同事，实出意外。大家随便说些闲话，而每一个人，对闲话却有自己的品咂。有人知道我是怎么品咂的，也有人不知道。晚上归来，浑身困乏，真像黄庭坚说的木偶一样，工作时应节而舞，回来后便颓然散了架子。与朋友聊了几句，欣慰无似，也有几声叹息。肚子渐渐不疼了，而胳膊隐隐作痛，书也不看，字也不写，就睡了。

这些事，可免不可免的，有性情没性情的，哪些是对的，哪些是错的，我也不知道啊。即使父亲还在，我恐怕也是无从说起。我还是，而且也只能是，好自为之吧。

时 2005 年 3 月 14 日

昨天

昨天不顺利，觉得冥冥中自有此不顺。

晨起非迟，而无事生非似的挨到了上班时间，急匆匆地上班。打开电脑，觉得信箱中的来稿，似牛头马面一般，勾我魂灵，使我如坐针毡。电子文件处理虽然方便一些，但处理完也需要很长时间，时不我予。一时又觉得冷落了书信，总觉得有了空闲，细细处理，然而真有闲时，却又闲过。这虽然算不上多么冷酷，但仍觉过意不去。庸人自扰，大抵如斯。

有些东西，非用不可，原拟刊发的北京行十五人展座谈会纪要，也便只能推后。一是因为此稿甚长，腾不出如许版面；二是因为毕竟自己参与其中，好像私事一般，自然让人。正自诸般杂事搅扰，忽闻一版题目错了一个大字。找出报纸查对，赫然在目，真不敢相信，从编到校，看过何止三番，竟然看不出来，奈何奈何！此类事余所历多矣，个中滋味，非过来人不可知之耳。而此期版面本来驳杂，调整正烦，又接二连三听到差错出现，令人心急火燎，如抓如搔。

在网上订了盒饭，迟迟未送，问同事所订，原来人家都吃过了。急。打电话给快餐公司，不免带点口气。平时语气甜软的小姐却说话也带点不耐烦。等到过了预定时间四十分，不等了，下去到小饭店吃。到小饭店，报饭，眼看晚来的顾客已经大快朵颐，我报的饭兀自没有动静，问服务员后厨是否忘了，她坚定地说没有忘。后来站在座位上多次催问，她才似乎又报了一遍。唉，一饭之晚，本来没有什么，偏偏连续发生，难道天意饿我体肤乎？时也，命也，无所遁逃矣，哈哈哈。随便扒了两口打发肚子。午间小睡，睡不深，忽而梦中与人争执，激愤而醒。

下午紧赶慢赶，完成了预定任务。晚饭吃过，便整理旧稿。无奈盯屏一天，眼已生痛。强忍到十点多，心力交瘁，乃下楼窜行小街细巷，算是浪游解闷。终于累了，上楼倒头便睡。这样，一天便打发了。

所谓寤寐小轮回，今天不会是昨天的重复。而一天一天，弹指之间，就是一辈子。至若穷达贫富贵贱忧乐，一例忙忙碌碌，最后无非，毕竟，归于一睡。

时 2008 年 8 月 5 日

记梦

天已入秋，晚上睡觉不再酷热难耐了。然而这两天休息不好，即使有意放松，也还是睡不好。这真没有办法。昨天是星期天，终日无事，先看了借观的《严仁墓志》，那种纯粹山阴气韵，还是标志着雅宜的顶峰。刻手不佳，所以时不时传出些生意，倒平添了耐品咂的意思。于是作跋，也想用楷书写。一写便与古人差十万八千里。这也没有办法。近来写字，全无感觉，下笔便俗。俗也倒好，有时俗也俗不来，居然无法下笔，就像格式化了一样。于是又想到过去看武侠小说，另投所师，总是尽弃其学而学。这种机缘不多，大抵也只能小说中有之吧。中午去吃了老乡饭店的捞面，亦觉滋味不正。午间昏睡，起来还是写字，鼓努为力，勉强得紧，不太差也不出彩，真有点俗了。我想对于写字，我是失去了平常心。一旦失去平常心，也就离俗不远了。这也是没有办法的事。人生在世，真平淡难为，即使高僧，也未必做到，所以一般人都有争胜心。我大概算没有心机的人，有时自己跟自己上劲。

于是晚上疲惫不堪。原来，真要彻底放松，也未必能够如古人焚香静坐，做点实在功夫。体力、精力、意志力都不济，难成大器。曾国藩说，人不能早起，必一事无成。其实说的未必一定是早起，主要是意志。数月以来，腰痛时发，稍有劳顿，就酸困不支，所以要学会休息。沙孟海说，学问要做的，行乐须及时。行乐一语，耐人寻味，当然不一定指声色犬马灯红酒绿，也不一定不指。大德之人，触处皆乐，甚至逆境也甘之如饴，俗人是做不到的。而纸醉金迷，需要腰包硬实，洒家自然也是做不来。于是迤逦来到东风渠边，一边走，一边双臂胡乱甩去，算是锻炼身体吧。

晚间早睡，想用长时间的睡眠换回一个健康的状态，然而阴阳两虚，息弱气浮，只能浅浅地睡去。忽觉与人远方做客，对方用面包车来接，车上本已坐了杂色人等，来接的人也不礼让，径自坐了，只留两只小凳，我们只好坐下。这殊非待客之道，心下当然怒火暗燃，只是没有发作。中途好像停了一下，我下来稍缓筋骨，车子居然开走了。正自诧异，有两条狗夹击我两侧，张开大口就咬。一咬我腿，一咬我臂。怪在并不甚痛，也没怎么搏斗，狗们倒松了口。我想，其一，我还得找接我的人；其二，得想办法找医院打狂犬病疫苗。于是拿出手机，准备拨打电话。而手机霎时变成了一只小钢笔、小蘑菇的样子，拨号要转动小帽。试拨，一拨，小帽就滑动难停，无法查找号码。自己急，旁观者也急，前不着村后不着店，一时无可奈何。就这样惺忪醒来，在将醒未醒时，已经知道是梦。似乎释梦者有言，梦见狗是大不吉利的。梦见两狗对面而语，射一“狱”字，更有牢狱之灾。所幸那两只狗并没有说话，甚至没有吠叫，然而一大早忽忽不乐。昨天白天看齐白石的日记，就有因梦非吉兆而忽忽不乐的事，算是跟着大师演练了一局。

释梦之事，我基本不信。说基本不信，就是不是全不相信。常言道日有所思，夜有所梦，思虑存想，梦中会得到反映。我少时看过弗洛伊德《梦的解析》，确有一定道理，然而西人总是死板，不拘啥事，都要扯到本能，也不值得深信。前天编稿子，见前凉西晋时的一部经卷，我认为是伪托，牵涉到的人就是个易家而兼擅释梦者。他释梦的方法，往往依据梦的情节，推出一个文字，再由文意加以附会。这当然也离谱。尽管文字可视为通灵，而做梦的人，哪里会深通六书？如果不识汉字的人做了同样的梦，是否一例皆可以文字释之？大抵神秘之事，都只能存在于神秘之中，无可究诘。敬神如神在，不敬妨何碍。古人早已知之，只是不说透罢了。然而我做这样的梦，有何预示？我于是等待着今天突发奇遇。然而今天有可喜者，也有不可喜者，总体上还是平常的一天。可喜的事，不必说了；不可喜者，或者按平时的脾气，马上不忍要暴发者，想想退一步的道理，也就可忍。委曲求全，固不可取，然而人生在世，又哪能不委屈。若真有狗子来咬，我又不能一拳毙之，也只好先打疫苗再说。

一梦醒来，梦境已然不在；一天过来，梦境倒无应验。看来临深履薄，还真不如糊糊涂涂哩。

时 2008 年 9 月 1 日

马降龙

2008年6月21日，胡秋萍、杨晓琳、韦斯琴三位才女的书法联展，梅开二度，又在广东中山举办。蒙中山市书协黄衍增主席盛情，书法专业传媒记者，仍邀齐玉新、李金豹和我南行观摩。而且锦上添花，请到了《书法》杂志胡传海主编。

展览开幕当天下午，按计划无其他活动。恰好齐玉新的朋友李先生相邀看开平碉楼，齐玉新、李金豹和我一嘀咕，也就脱离了组织，呼啸而去。

我原先并不知道碉楼何物，还以为是土楼，那种圆圜状的、以家为城的建筑。尽管我对土楼也不甚了解，只知大约是防范匪盗的产物，然而那种俨然自成一统的形式，还是令人心动。而且，一楼之内，聚族而居，贫富长幼，家长里短，想来也是纷繁复杂。然而车到开平，却见不到这样的村落，不免就既疑虑又期望。而时不时矗起的洋楼，也早已迫不及待地闯入视线。那些洋楼，当然不是新富新贵的宫殿，分明已满身沧桑，既述说着曾经的辉煌，又固执地表现着不肯脱落的气质。这就是碉楼。

碉楼是20世纪初华侨所建，分为两种：一种是一家所有，平时居住；另一种为村落所有，集资而建。其共同的作用则是防止匪患。当时华侨在海外工作，却不能移民海外，其妻儿老小，则居住原籍。海外打工，当然是为钱，也确实能致殷富，这也自然引起了土匪的注意。土匪也是为钱，因此逼侨眷交出钱帛的最好办法，就是绑票。国人以传宗接代为第一要务，绑了儿子，断了香火，是天大的祸害，因此被勒索的事也就屡屡发生了。为了防匪，极有钱财者，修筑坚固的洋楼，厚墙铁窗，内有武装；或者全村集资，修起挺拔方峻的小楼，高峻可以放哨，墙厚可以御敌，门窗施以钢板，壁上留有枪眼，顶端砌有女墙，俨然一座碉堡，所以被称为碉楼。据李先生讲，全村兴建的碉楼，一般每户筹资一间，而每户也使用一间。遇有匪患，全村人可以上楼躲避。即使平素居常，也是夜夜防贼，每天晚上，壮年上楼警戒，而少男则被藏入楼中。至于女孩儿，却不必进楼，因为女孩儿家迟早是人家的人，土匪抢走，却并不太以为意。因为主家并不竭力救赎，所以绑女孩的利润空间有限，土匪也并不看重。

碉楼为华侨所建，自然带点异国情调。建筑所用的水泥钢材，都从海外运入。因为碉楼的作用非同寻常，建材也相当考究。一般水泥寿命，不过七八十年，而碉楼年代久远者，已经八九十年，却看不出任何败坏的迹象。有座楼前，有一整袋的水泥当时凝固，形如石磙，证明了当时桶装的形制，也证明了水泥的寿命。而碉楼的建筑样式，则真正称得上是中西合璧。华侨在海外看到洋楼的样式，随即拿来我用。但他们并不是建筑专家，因此只是凭印象画个大概的样式，其结构往往随意更改。因此，有人戏称碉楼的建筑样式，是穿汉服而打领带，不土不洋。正因为其不土不洋，才恰如其分地记述了当时的历史。大概当时越洋过海在异国他乡讨生活者，天性勤奋而要强，不肯人后；同时因为并无正式的图纸，因此碉楼的形状千奇百怪，无一雷同。这些碉楼，或掩映于村落房舍，或突兀于河岸稻田，在平地上陡立数十米的高度，在现实中突现百年前的历史，因此成为空间的、历史的风景，成为城市之外的城市、繁华之外的繁华，的确独一无二。

马降龙碉楼群景区的一个村，我不知道叫什么名字，也许就叫马降龙吧。在这个被称为“世界上最美丽的村庄”面前，我简直要屏住呼吸去欣赏它。

这个村庄坐东朝西（我不知道自己是否转向），背靠青山，面向大河，左手边是果园，右手边是竹林，村北有碉楼，村南有哨楼。河东有一个池塘，为村民淘洗之用，塘东是村路，路东是房舍。除了碉楼从满目苍翠中探出尖顶，全村几乎淹没于竹浪果涛之中，如果不走进村庄，你除了知道此地林木茂盛、鸟语果香之外，恐怕并看不出人迹。据说，抗日战争时期，日寇居然没有发现这个村落，也正因为此，它得以原汁原味地保存下来。

刚一进村，在一片类似小广场的地方，有一株古榕，幽幽地罩下大片的凉荫。榕树下放着小桌小凳，想是村民饮茶小憩之处。榕树后一株椰树，节节拔起般高耸入云，正如一支旗杆，然而这旗杆有生命，高处那一篷翠绿却无法看清，早扯着白云，混入蓝天了。我们看了碉楼，径直走入竹海果洋。我性喜竹，以竹堂署名或名所居，那不过是无中生有，姑妄言之。而所到之处，也是见到竹子就心生欢喜，因此屐痕处处，见到的竹子也不算少。然而此地的竹子，却别有性格。竹子喜水喜肥喜阳光，而北方的竹子，多缺少水分，枝叶泛黄而稀疏，犹如旧文人怀才不遇，虽耿介孤清，免不了萧索寒素。而此地的竹林，正得地之宜，无遮无拦地疯长，高度可倍于北方之竹。甚至由于竹树争光，有些竹子欹斜穿行，却也箭一般远射而出，其生命力昂藏郁勃，真让人顿时意气风发，豪情万丈。穿过竹林，油然便到果园。果园里密集地种植着芒果、杨桃、荔枝、龙眼，遮天蔽日，穿行其中，犹如与世隔绝。按照小村的人口规模，即便他们不事稼穑，仅靠干鲜果品，也不至于忍饥挨饿。果树上时不时缠着古藤，古藤缭绕复缭绕，在你的想象力感到山穷水尽之时，它犹自无穷无竭，悠然画过一个弧度，继续着纠缠攀缘而去。杨桃树我是第一次见到，这里的杨桃，树龄已过百年，所结果实已经涩酸不能食用。北方的杨桃树不耐长久，而这里的杨桃却株株盘根错节，龙跃虎踞，姿态万千，犹如巨大的盆景，饱沃日月，老而成精，气韵沉雄，动人心魄。

从果园绕到村前，真有隔世之感。村落不大，前后三排，各家屋舍整齐如一，就像现在有些新农村建设的结果一样。各家的位置，据说也是抓阄所定。为了上风上水的心理，后排房屋比前排高三砖。那时的秩序之感，也许一样来自中西合璧的灵感，却也团结紧张、严肃活泼，恰到好处。走在村路上，随手摘食一种不知名的酸果，却油然看到斑驳在墙壁上的二三十年前的旧标语。那个时代的标语内容，全国是完全一样的。

挥别小村，不大工夫就回到了城市。城市依然人声鼎沸。

时 2008 年 9 月 18 日

长物

近日，时不时随着一二风雅之士游荡古玩市场，不免对斑驳陆离的宝贝动心。“窈窕淑女，君子好逑。”就像不可能没有过梦中情人一样，一般人都会有格外钟爱的物件。

前几天，一盏台灯坏了；昨夜，又一盏台灯，我一拧动，也坏了，而这盏台灯是我喜欢的东西。于是，今天下班，二话不说，动手修理。原先坏的一盏，只是灯泡被拧断了，用钳子夹住灯泡残留部分，小心拧下来，换了灯泡，一试，亮了，完事。而这盏我喜欢的，拆开一看，开关的簧片部分坏了，修是修不好的，只好扔掉。我把黑色磨砂的灯架放入杂物堆时，虽然动作无甚优雅，还是戚然有怀，自觉有一二分黛玉葬花时的怅然。——缘分尽了。

我是实用主义者和吝啬的人，所有过的小杂物，居多也是能用即可，不甚留心。想想一见倾心，拥有之后，愿意时时抚摸、历久不厌的东西，也不过两三样。

记得小时候，我看上了合作社（旧时农村的商店）里的一种复写笔。这种笔像筷子粗细长短，中间可以拧开，内装笔芯。它黑亮的颜色、纤长的躯体，实在让人赏心悦目。现在想来，这种笔的设计，是受了西方鹅毛笔的启示，自然也有悠久的文化意味吧。然而，年深月久，我不记得如何得到它，也不记得如何失去它了。

我第二件钟情的东西，只是个文具盒。从小学开始，我就期望有一天要拥有一个文具盒，然而这一愿望，迟迟到上大学时才实现。个中滋味，一言难尽，不说也罢。反正我决定买一个文具盒时，不像买其他东西那样利索，而是看了又看，选定的一个，盒盖上涂着一幅古画，老树萧森，远山隐约，云岚流走，古色古香，令人爱不释手。这个盒子，我用到参加工作，后来用不上了，也并没有作为“文物”密而藏之。当然，现在，早已忘了它的所在，也不知道还在不在。

第三件，要数这盏台灯了，它于1997年初夏时节。我先在住处附近的商店见到此类灯具，因为贵，没有立即购买，而是趁了一个周末，专门到火车站小商品市场购买的。黑色的磨砂漆，没有贼亮的光泽，泛着幽深；手臂装置的灯杆伸缩自如，方棱有骨；开关则是灯头后的半球，撮着手轻轻一拧，啪的一声，不脆，也不沉，甚是动听；它颀长的身形，它的处处细节，都充满着工业时代的观念，不是矫揉的艺术品，却无处不暗含匠心。它不是讨人喜欢的类型，只是叫人主动去喜欢。转眼之间，这盏灯陪我了十三年。而十三年来，我宅起来的时间，居多是夜里；夜里，又哪能离开灯？缘分自是不浅。

数数我心中的长物，自己也不由觉得寒碜了些，这三样东西，都不值钱，而且都已成为过去。而现在拥有的一切，虽然也并无贵重物什，我又何尝不珍重爱惜？人生在世，草木一秋，物品也是一样，相聚是缘，分散势所必然，也是缘，大家都不过是在这五光十色的世间经历一遭而已。想到这里，便觉即使不喜欢的东西，也要同样看重了。

时2010年5月10日

侃园记

商城之北有园曰侃园，梅翁夫子署其额。园植桃梨之属。梅师清游，予则追陪杖履，领略野逸之趣。

以翁之指画，主人将亭之楼之台之，亦将于通幽曲径，树以楹柱，俾书家者流，联而书之，书而倩人刻之。另辟静室数间，置以笔墨纸砚，将供雅集之用耳。

园乃废窑复耕，并不方正，亦不平坦。进南门地势低，左右植樱桃。渐深乃高，如登台然。台东种葡萄。极东葡萄与樱桃相接处，有池二，复有柳数十株，翩然幽独。台之正中，有屋数椽，乃来客宴憩之所。屋之西植篁竹。再西似农田，田内苹果细如小指，与园外田畴虽有一篱之隔，望之浑然。篱外田间方圆数十步，隐然而高。问之，乃汉高祖点将台也。中州旧地，古迹是处皆有，诚非虚也。此台不期为侃园增色不少。置身其中，不惟可见香花硕果，遂亦可发思古之幽情。因告主人曰，可于园中修一庙，以慰文人墨客与夫田家翁媪凭吊之情。主人可之。再深入，则凹然而下。梨花盛日，予尝往游，满目清白，只在足下，云起波腾，是何况味？自有言所不尽之美也。且其陡然而低处，分园为前后二进。予意当修一台。以下视上，有悬高之感；以上视下，犹如俯临，当饶有致也。师颔之，园主人亦称善。最深处并不戛然而止，园忽然极仄，如一细路引出，悠然而尽。鲁迅在京时，居所有“老虎尾巴”一说，是否似此，亦不可知，想亦当有所奇也。此地若加以人文气息，固当不与芸芸之园同耳。

予固无力营园，看园亦少暇，然愿为雅事建言。譬若亭可名如是乎？如是池塘如此柳，是处风烟是时人。庙可名大风乎，以汉高祖有《大风歌》也。台可名为自卑否。昔年予游岳麓书院，有自卑亭，甚异之。后始知为登高者必自卑之意也。至若老虎尾巴，吾意其入口处树一竹坊，颜曰仄巷。若联之曰：庭院深深深几许，月华淡淡淡无垠。不知可否。

噫，此非为侃园作记也，吾心所寄，与陶令之桃源或亦略似。四时风物，百千心绪，便是绝妙文章，何需更立文字？

梅翁即吾师吉欣璋先生，园主人李君广鑫也。

栀子

在南村博客上，看到了关于栀子花的文字和图片。图片是一枝栀子花，白得细腻、娇弱，楚楚可人。花瓣上挂着露珠，一种剔透清凉之感，让人不忍移开目光。

我留言说："我种过栀子，现在不看图片，居然回忆不起栀子花的样子了。经过的青涩岁月，也悄然淡忘。花谢之后，想到花期，感受迟到的依恋。"

是的，我种过栀子。十几岁时吧，当时农村搞合作医疗，农民看病，仅需五分钱的挂号费。而大队（现在叫村）卫生所所用的药物，则能自制就自制。因此，每个生产队（现在叫村民组）都辟有一片药圃，种植药材。村卫生所的三两个医护人员，叫赤脚医生，脱产，即不再参加生产队的劳动。而每个生产队，也需一个卫生员，不脱产，帮赤脚医生打打下手，同时管理药圃。我二哥当时是我们生产队的卫生员。

被奇异的植物吸引，我常到药圃。山药、薏米、板蓝、党参、决明子、紫苏，等等，都是那时候认识的。而分明有一种药，就叫栀子。然而，我依稀记得它的叶子有点像黄杨或女贞，而花，无论如何也想不起来。现在，有时候喝栀子茶，却回忆不出，这样的果子，是在怎样的花朵中孕育而生长的。杜甫诗云：“问姓惊初见，称名忆旧容。”如今对着栀子花的图片，还是一片茫然。人之忘情，至于斯乎？

二哥谢世，二十五年了，是忘不掉的。

时 2011 年 8 月 11 日

病后

我对自己的身体状况非常自信。大概十来年没有体检过了，除了肠胃老毛病，吸收差而消瘦之外，我一直觉得身体没有大问题。而这点老毛病，也因今年节制饮酒、时常喝面汤而大有改观。12月18日夜10时许，从南方回来，简单吃了点东西，浇了花，整理杂物，打开电脑闲看一阵子，也就睡了。现在回忆起来，入睡时肩部好像有点微微酸困，但我没有太在意。到了次日凌晨4时许，臂痛而醒，渐渐扩展到胸肌痛、肋部痛，难支，初则呻吟，继如屠宰，我想，这大概是风寒邪毒深了，扛不过去，遂穿衣起床，出门打的，奔煤炭总医院急诊求治。以我的经验，吃几片药就会没事，回来还可接着睡个回笼觉。

然而值班的护士略问病况，就搬来心电图仪器，边做边嘀咕，并打电话请来医生。医生来，只问了几句过往病史、过敏史之类，就让通知家属、朋友，黎明时分，叫我如何好意思给人打电话？我说，我自己完全可以。他说，得签字。我说，我自己签。他说，不行。没奈何，我先试着打了一个电话，未通。这时候疼痛更剧，便把电话交于医生，告诉他通知王荣生总编和我妻子。在医生与我妻通电话时，我分明听到他说“心肌梗死”“病危”等字眼，我十分生气，认为医生夸大其词，吓唬家属，但心里对“心肌梗死”其实也半疑半信了。这时候我想到了老同学赵士超博士，他是省人民医院主任医师，著名心血管病专家。我想，倘若需实质性治疗，一定让士超确认一下，我才会笃信。此后我的时间意识，不甚了了，大概与使用镇静药物有关。反正王总编与夫人耿书香大姐、公子王蓁等已到，而后我三姐、我妻子也到了。我三姐学医，一看人家的诊断情况，显然是确认了病情，也便立即观察溶栓效果。然而士超一直没来，原来是早已与我三姐通了电话，在省医为我准备手术了。

说实话，在总医院疼痛的“闲暇”中，我想到过死。奇怪的是，我没有任何惧怕。我不能说有离开这个失意世界的解脱之感，至少，我是能平静以待之的。如果果然不幸，家人肯定会瞒着母亲，九十老人，恐怕不能听到这个。儿辈已成人，不足虑，即使我在世，也起不到什么作用。至亲好友，悲伤总是难免的，然而终究暂时，也不足虑。我背负有房贷债务，妻子将来处理起来会有麻烦，大不了不要了，也不足虑。其实心里不甘的，还居然是“疾没世无名”。假使作传记，里籍生卒之外，一片空白，觉得好没有面子啊。噫，好名之心，也忒重了些。倘若再没有这琐碎的名心纠缠，那可能就算明心见性了。我平时是急躁的人，也是多愁善感的人，真到了大关节，倒也并不凄惶苦楚，也许这便是“放下”。

被推到省医时，我好像还问赵士超，是否确实是心肌梗死，他说确凿无疑，我也便无话可说了。其实我还是想固执地相信我的身体没有大问题。手术很快，也无痛苦。术后至今，十天了，基本休息，因实在太闷，断续看了《随园诗话》。

救我生命者，济我贫困者，慰我疾苦者，有领导、老师、朋友、同事、亲戚，我会记在心里。不经历些波折，也难说知道感恩二字。今后，把烟戒掉，早睡早起，不可太自信身体状况了，也尽量减少对别人的麻烦。

时 2011 年 12 月 28 日

理发匠

日前看到同事写的关于理发匠的文章，便想到小时候理发的事了。

20世纪70年代，我们家乡还是以生产队为单位包理发的，具体费用不知道。其实当时我们理发不叫理发，而叫剃头，理发师也不叫理发师，叫剃头的。

我们生产队包的一个理发师，好像叫“张全发”，舞阳人，生得白净，很精明，说话带笑。理发，在旧社会，属于“下九流”，因此没人与他“过称呼”，男女老少，都直呼其“全发”。所谓“过称呼”，就是伯叔爷儿们的辈分称呼。有次，趁着人少，全发的徒弟喊一个少年说“弟儿们”，恰被少年的哥哥听到，就狠狠白了他一眼。全发赶紧也瞪他的徒弟，这事算没有声张。

理发师也不借别人的东西，最初，担挑串乡，挑子一头儿是火炉，另一头儿是各种家具。剃头挑子一头儿热，说的就是一头儿的火炉。他们甚至不喝别人的水，有次可能过于口渴，全发的徒弟要讨一碗水喝，就是伸出他自带的碗，接了一碗开水。

因为身份，他们处处陪着小心，生怕不经意间捅了娄子。身份低下，我们乡下土话，叫“低嗒”。有次说起理发“低嗒”，一个远房伯父说：说他们低嗒吧，也不低嗒。你说咱们高贵，咱的头却叫人家随便玩哩。其实，理发的过程，他们也许并没有随便玩的快感，因为无论任何人，都可以对理发师吆五喝六，提出种种要求。而理发师，又不得不随时小心地问顾客：长点？短点？再刮一下？等等。而一旦划伤了顾客，再碰上不省事的，那可真是天可怜见，如何是好？话说，一个理发的徒弟，先在冬瓜上练刮头刮脸，刮掉冬瓜身上的“白扑儿”，却不伤瓜皮，才可以在人头上实习。而每当刮到饭点儿，师傅说：吃饭！他就把刀子往冬瓜上一戳，停下活计。等到手艺儿成了，开始玩真的，又到了吃饭时间，师傅说：吃饭！徒弟应声就在人头上戳了下去……这当然是笑话，或多或少，能给理发师解半口窝囊气。相声里有一个段子，一个理发师养了一只画眉，极美，一个强人就索要，理发师当然不给，于是理发。理发时，强人说，把我的眉毛刮了。理发师说，哪里有刮眉毛的？强人说，叫你刮你就刮嘛。于是刮。刮完，强人翻了脸。说理发师居然把他的眉毛刮了，必不甘休。周遭的人于是说和，乃曰：“把你的画眉赔我，这事也不结局。”最后便光着眉毛，提了画眉而去。我想，理发师刮眉毛时，可能已经预料到必有下文，然而没办法，人家让刮，就得刮，这也是身份所限。

当时，理发二十天一茬，不拘刮风下雨，到时间，全发他们就来了。他们住在邻村，每清早带着家当来，向晚回到住处。至于发型，年老者一定是光头，年青者则小平头或谓之学生头。男人到三四十岁上，由平头过渡到光头时，想必有岁月之感。不一定哪一茬，终于下了决心：也刮光吧——青春就一去不复返了。那时，吾乡之民，不重仪表，甚至连自己的胡子，也不自己动手去刮，也是二十天一茬。带着十几天的短短的须，颇有点沧桑之感。但这不等于留胡须。据说，上唇生者叫胡，下唇生者叫须。父母在，就不蓄须，但可以留胡。（也有说正好相反者，待查。）留胡的作用，是为了区别老侄少叔，以使行辈井然。语云：嘴上没毛，办事不牢。不仅指年纪轻，还有辈分低的意思。六七十岁上蓄须，也不随便。我爷爷年过古稀之后，颇欲留须。他说，龙年留的，叫龙须；虎年留的，叫虎须。十二生肖中，就这两年可以留。否则，牛马之类，本来无须；鼠年、羊年留了，成何体统？他耐心等到虎年，留下胡须，时常以断梳梳之，怡然自乐。

等到1978年之后，大概是1980年，农村实行了联产承包制，经济体由生产队变成了家庭，这种整体承包式的理发，就无法继续了。此后，全发好像没有再来过。我们相邻的一个生产队，原养了一个剃头的，湖北人，身世不详，因为落户在此，没有走，但年老已不能理发，一个风雨之夜，就老死了。

等到村民人人到理发店理发，理发者和被理发者，身份发生了变化，谁也不会对理发者颐指气使了。实际上，后来的理发师，相对于村民，都是富人。人一阔，感觉就不一样。我们村一个人，到镇子上的店里理发刮脸，当时，价一毛五分。理完，他抚了一下下巴，觉得扎手，就摸出五分钱说：“师傅，我再刮五分钱的。”理发师有点窘，说：“您要是说没刮净，我就再给您刮刮，什么是再刮五分钱的啊？”

时 2013 年 10 月 30 日

牙痛

语云："牙痛不是病，痛起来不要命。"没有亲身经历，其实是很难理解的。具体描述，不啻伤口撒盐，不说也罢。

我十许岁时，牙齿洁白，而且排列整齐。每见叔父的牙齿错综复杂，心里就暗暗发笑，觉得太不可思议了。二十许岁时，我的牙齿就也开始牢笼不住，广场舞般蠕动起来，而且不知不觉，好像渐渐被拔高，要脱离牙床似的。每当看到"揠苗助长"这个成语，我就会下意识地摸一下自己的牙齿。我也正是从这个年龄开始抽烟，牙齿的颜色，不知不觉间就有点古意了。这显然影响姿容。二十多岁，哪能不注意仪表呢？于是，我到卫生院去洗了一次牙。药水喷在嘴里，金属工具在牙根摩擦，感觉极其不爽。我问医生，为什么我的牙是这个样子呢？医生说，这是遗传，大概是体液中转钙酶较高，所以牙根部会形成结石，久之，结石将牙齿抬高，所以牙齿的方向、颜色、卫生状况等，遂一败涂地。哦，天命其不可违乎？我于是知道了将来错综复杂之形、烟熏茶渍之色，在所难免，从此再不洗牙，"率性之为道"吧。

“天地不仁，以万物为刍狗。”不久，牙痛就来了。有次牙痛，正在先父侧。父亲问：“怎么了？”我答：“牙痛。”父亲说：“唉，我三十岁前，还不知道什么是牙痛。”那时，父亲年过耳顺，牙齿差不多已经荡然无存矣。既是宿命，也只有听之任之。

牙不利，冷热酸甜，不是想吃就能吃的。而立之后，我已经不吃甘蔗和冰激凌。可惜，能吃的时候，没怎么能尽兴。

我小时候，农村没有产于两广的紫皮甘蔗，只有本地产的青皮甘蔗，称之为“甜秫秆”，秆细，糖分少。记得五六岁时，不知为什么，兜儿里有毛把钱，就悍然在街上买了根甘蔗。回到家中，大人甚为诧异，告诉我说，你以后可不敢这样了，你看那卖甜秫秆的“麻子殿臣”，脸那么黑，还那么多麻子，吃他的东西多了，还不得变他那个样子啊！当然，大人的恐吓，是出于节俭的原因，乱花钱，不是我家家风，呵呵。父亲说过，解放前，我家人多地多，虽然称不上富裕，倒也颇好面子。一次，村里三月初十古刹大会，宾客盈门，正各表殷实，一群孩子从会上喧闹而归，拾了很多甜秫秆的臊梢子，抢夺品尝，滋滋有声，不亦乐乎。宾客们见了，笑而不语，讥讪之意是不言而喻的。执客的当家人，脸上早已挂不住，也不好发作，于是自翌年起，家里必种之数亩，以免丢人现眼。至于紫皮甘蔗，不远千里而至，我少时，见也没见过几次。

吃甘蔗是豪迈事、快意事。卖甘蔗的老手，刀法精熟。每有购者，问：刮皮否？截节否？刮皮时看不清他们的手法，只听得哧哧几声，蔗皮应声翻飞，丝丝的甜味，也便弥散开来。

截节时，让你手执一端，洒脱一挥，正截在甘蔗的节骨处。接甘蔗者只觉手一沉，随即又一轻，赶忙腾出空手，前伸便握住了下一节。商贾与顾客进退迎让，相与默契，不啻是精妙的舞蹈。手执甘蔗而大嚼，又是何等气概！数年前，胡秋萍、杨晓琳、韦斯琴、胡传海、齐玉新、李金豹和我同在中山，夜游步行街，“胡卷首”突发清兴，买了甘蔗请客。除我不利于齿之外，诸才女才子皆得当街食蔗之乐。想胡、杨、韦三姝，何等样人，才情容貌，允称倾国，而公然嚼蔗，似不让《世说》中人物耳。然而予不得此乐久矣，虽不免跃跃，而终于放下。吃不了某种食物，原先以为必心急火燎，其实不然。大概望峰息心，人到中年，做不了的事，就不再无谓地奢望了。

冷热酸甜，不能吃的东西多了，本着惹不起躲得起的精神，也便当下心安。不然，立马就有报应。大概是1997年，得炸蚕豆一捧，惧其坚硬，又寄希望于其酥脆，试之，果然酥脆，触齿即开，于是忘形，忽然就遇着一颗坚硬的，遂痛失牙半颗。噫，身体发肤之不得保全，从此始矣。嗣后，某夜，牙痛，以手摇晃，以另一种疼痛对抗它，愈痛，愈摇，突然，一颗大牙就不明不白地脱落了。这是我掉的第一颗牙。揩拭干净，看了又看，心中五味杂陈，欲哭无泪。我把这颗牙包了起来，并记上“某年月日脱齿”的字样，放在了抽屉中。记得后来搬家整理物什时，我见到了它，谛视叹息之余，悄然就扔掉了——保存它，实在没有多大意思。人生在世，呼吸吐纳，新陈代谢，每时每刻，皆有细胞死，皆有细胞生，转瞬之间，新我已非旧我，而且一切都是雪泥鸿爪，都将消散于无形，扔掉就扔掉罢。缺一颗牙，终究不便，于是去补。当时贫穷，医生说了种种价格之后，我委婉地透露出补最便宜的钢牙的意思，但也还不甘心，如果医生略加怂恿，补稍贵一点的也未必补不起。但是医生说："就补钢牙吧，说实话，好一点的，你这牙也不值。估计十几年后，你满嘴的牙都得坏，就等着换满嘴的假牙吧。"也好，这一下子，把一件事情了结了，但我还是觉得酸酸的。

转眼又十几年来，牙痛无数次来过，常用的药，我早已了然于心，可以自己搭配治疗了。久病成医，果不其然。每当有段时间牙没有什么消息，可以稍微快吾朵颐之后，就会突然想到：哦，这一段牙不错，天可怜见，牙痛千万不要再来造访啊！而每到这个时候，新一轮的疼痛，也就为期不远了。唉，有巨人说过："与天斗，其乐无穷；与地斗，其乐无穷；与人斗，其乐无穷。"而与牙痛斗，真的没什么乐趣可言。只是，在万虫钻心之时，心想，只要不牙痛，我就是幸福的人。

哦，以舌尖抵牙齿，数一数，尚缺三颗，该考虑补牙的事了。

时 2014 年 4 月 5 日

赏会

賞會此士而賞之者甚多去豈
讀九百卷乃也待知音者云云一人知之做宅
何意耶
後而行得妙云云云云只云云一云
云云云云待後時云云乙已在其際矣

听戏

听戏和唱戏似乎只是老年人的事儿，年轻人是不问津的。有一次在中州剧院看马金凤《花打朝》，环顾剧场，全是鬓有二毛者。

忽然就有一种酸楚的感觉，痛切地察觉到了自己也不愿承认的一种复古情怀。如果真是这样，那就注定与铁一般硬、火一般热的现实生活格格不入，以至于终究会徘徊在梦境与实境之间，将一无所成。

扯远了，还是说听戏。

今年的八一节前夕，在紫荆山公园附近听戏。先是在公园里，听到隔河传过来的声音，尽管河水乌黑腥臭，但声音却激越清扬，十分诱人。禁不住过去瞧个究竟。正所谓不看不知道，世界真奇妙。这里面的三个人，让我感慨了一回。

第一个是一个三十多岁的演员，身材匀称，已略微有点发福，但演刁钻的小红娘却活灵活现。我当然无从知道他是做什么工作的，不过戏演到这份儿上，一定会搭上许多功夫。毫无疑问，他是心甘情愿、乐此不疲的，也许在这淋漓尽致的表演中，他才感到自己是淋漓尽致地活着。第二个是一名观众，五十多岁，胡子拉碴，叉着手，歪着头，笑容可掬。难为的是他的笑容凝固了有半个小时，像是一尊雕像。我们平时说笑容凝固在脸上，指的是老于世故的奸诈，而他是真实的，他没有必要装蒜。看得出，他是平常人，没有官态也没有富态，也并非腹有诗书，生活也许并不遂顺，然而此时此地，他是真幸福。第三个是个老者，白发稀疏，肌肉松弛，皱纹密匝，坐在小马扎上，眯着眼，只用耳朵听。他坐在伴奏席上，不是上宾，而是常客，心安理得。他的两只手放在膝盖上，空手作伴奏状，用明晰的节奏敲击着，旁若无人。

还有一位主持人，也是老者，似乎好激动。他不会说“请鼓掌”，只会说：“好不好？好了拍巴掌！”这里的鼓掌不是“鼓掌通过”时的鼓掌，让人疑心是放的录音，人们只是对手形，而是特别有肉感，声声拍在耳朵里。

我们常常说人生如戏，用几十年时间活过来的人生，真要放在戏里，也许就是那么一个折子，一个唱段，甚至只是一句念白。我们尽管可以不看戏，却不能不去演这场戏。这偶尔地、没有预期地听戏，也是戏中的事吧。

《牡丹亭》

到北京出差，一位朋友发短信，让我代购昆曲《牡丹亭》磁带。

昆曲是联合国教科文组织保护的剧种。既然受保护，需要抢救，就说明快灭绝了。我不是戏迷，也不懂昆曲的好处。只是记得好几年前，偶然在电视上看到了一段，唱得与汤显祖原著一字不差，当时就既欣慰，又有点莫名的担心。欣慰，是因为断断续续地读过汤显祖的原著，写得真好，真是令人一咏三叹。这么高雅的唱词，出自现代人的口，简直是奇迹。担心，也因此而发，这么高雅的唱词，又有谁能听得懂，又有谁能耐着性子听呢？五四时期，有人说古典文学一例都是死文学，显然是过头的话，“白日依山尽，黄河入海流”“春眠不觉晓，处处闻啼鸟”，现在普及的程度远远高于唐代，说明唐诗不死，永远青春；而《牡丹亭》，似乎只活在文学史中了。有人说汤显祖是中国的莎士比亚，这说法令人窝火。中国人只有与西方人比况，才让中国人重视自己的祖先，岂不令人痛心？

我到第一家音像店，遍寻不得，问：“有没有昆曲？”服务小姐说：“什么是昆曲？”“戏。”“我们不卖戏带。”第二家，有戏，寻不得，问，服务员答：“没有。”有一位老店员，根据服装看，可能是服务员中的“官”，她说：“可能有吧，好像进过，你再找找。”找，没有。第三家店，颇前卫，溜一圈，没有戏曲带，问服务生，果然没有戏曲类，磁带、碟子都没有。第四家，与第三家一样……我于是决定到北京图书大厦，这大概是中国最大的书店了。直奔音像部，看磁带，没有；看碟子，戏曲类的不少。问服务员，说没有。自己找，哈哈，居然找到了！

回来看了一段，琐事萦身，居然没有心情看下去了。

《可可西里》

很长时间没有看到如此厚重的电影了。《可可西里》，陆川编剧、导演。这部电影是让观众在观看中发现良心的电影。

它讲了一个故事，以日泰为队长的一群年轻人，自发地组成了巡山队，在可可西里保护藏羚羊。他们生活在生命的边缘，很多人死了。在最后一次巡山中，八个队员只活着出来了四个。最后，日泰被盗猎者杀害。他没有力量保护藏羚羊，没有力量保护整个可可西里，没有力量战胜铺天盖地的贪欲，他甚至不能保护自己的生命。他能固守的，只有良心、勇气和毅力。

影片简单到几乎不像是电影，因为简单而真实，真实的东西，总是简单的。由此想到，生活在一个喧嚣的世界里，我们看起来相当复杂，而实际上，轻得像纸一样。我是谁？我能做点什么？我正在怎样地生活着？这些最简单的问题，我们未必就有勇气去问自己。正是我们放弃了这种勇气，变得无可无不可，或者在妥协后欣慰于安全和实惠。我们失去了棱角，世界也就失去棱角。当崇高被视为可笑时，所有的人都已经十分可笑、可怜了。

与那些巡山汉子相比，我们何其虚伪和单薄啊！

片尾的藏歌也是简单的，但是，却像高原一样浩瀚，每一句、每一个音符都震撼人心。

京剧

我已经记不得什么时间开始知道京剧了。小时候，四邻八家的墙上，大多贴有各色宣传画。这些宣传画中，有些就是革命样板戏的内容，以《红灯记》《沙家浜》为主，也有其他。但那时对京剧是什么并不清楚。样板戏的电影倒是看过，在邻村邱堂看过《沙家浜》，剧情唱腔早已忘了，只记得那天晚上月明星稀，初秋天气，凉生腋下。后来本村演过《奇袭白虎团》，我与大哥一块儿去看，看了一会儿他说没意思，我们就回去了。直到这些年，偶尔再听样板戏。我才知道，小时候在学校其实学过《临行喝妈一碗酒》之类的唱段。平心而论，样板戏确有自己的特色，但我总是听不惯。十来年前吧，样板戏又可以唱、又可以在电台上放的时候，巴金在《随想录》上写过有关的文章，说是听到样板戏就浑身起鸡皮疙瘩。不知道为什么，即使是现在的名家演唱的样板戏剧目，我看了，也觉得不喜欢，觉得他们太过于装腔作势。我可能有点恋古，第一次看到古装戏，就非常喜欢。

第一次正经地看京剧，是在上高中的时候。当时，京剧

《秦香莲》拍成了电影，这戏在报纸上炒得很热，真想看看。然而学业吃紧，哪里有机会呀！老师们坐一辆130卡车，集体到县城里看了这场电影。回来以后，个个喜上眉梢。我们班主任韩玉堂老师，平时不苟言笑，好像除了高考之外，对其他任何事情都不感兴趣。但这次回来，却侃侃而谈，他说，他还看过梅兰芳的戏，说当时梅兰芳大师已年纪甚大，但扮相还是风情万种，令人心驰神摇。那时候想，梅兰芳固然已经死了，但什么时间有机会，一定要看看《秦香莲》这部电影。有道是苍天不负有心人，有一天，电视上要演这部戏。老师们开恩，居然把学校唯一的一台电视机搬到当院，让学生们观看。我那时个子甚小，强挤了个地方，巴巴地看个电视角。这部戏中，好像有马连良，记不清了。但记得最清楚的是演包公的裘盛戎，真好。演国太的是李多奎。我原以为老旦这样的角色，可有可无的，但李多奎一开唱，声震瓦屋，草木皆春，让我感受到了京剧独有的力量。之后，也没有多少机会看京戏，不过但凡有机会，便会听上两句，看上两眼，渐渐知道了京剧的好处。我所处的环境，几乎人人都烦戏，我也不好意思抢频道，所以能看京剧、听京剧的机会，实在是太少了。

去年，为了看京剧，我把原先收不到戏曲频道的老电视机处理掉，换了新的。京剧是让人越看越爱看的东西。虽然大师凋零，但京剧名家毕竟尚存风流余韵。它好就好在精工绝伦，每一句唱，每一句白，每一个动作，每一个眼神，都不知道经过多少人、多少时间精心揣摸，这些人又心有灵犀，为戏所生，把平生经历和素养，都浸在了戏中，所以即使作为后辈不能光大前贤，只要克绍箕裘，就足以动人，正应了那句老话，不经一番寒彻骨，哪得梅花扑鼻香，每一位戏剧大师，都是有真本事的。像梅兰芳，唱腔委婉淳正，有庙堂气；像周信芳，声音沙哑，然而声情并茂，淋漓尽致；像马连良，多多少少，有点油腔滑调之感，好处在于圆熟，举重若轻；像裘盛戎，声音宏大，满腔正气。他们对戏的理解是全身心的，才会有此造诣。正所谓人戏不分，戏比天大，如果没有那种矢志不渝、一往情深的精神，是绝对做不到超逸群伦的。日前看一出《空城计》，不知是谁扮的诸葛亮，唱腔倒也马马虎虎，但一举一动，觉得鼓努为力，便无武侯的从容镇定。袁世海说其师郝寿臣，为了演好曹操，把《三国演义》翻得稀烂，个中甘苦，外人哪得知。对戏的体验，包括对社会、人事、自然的体验，舞台小天地，天地大舞台，的确是至言。越调大师申凤梅谢世之后，我看她徒弟们表演，总是不顺眼，不仅唱功欠火候，更重要的是体验不够。申凤梅虽为女身，而且身材瘦小，然而台上一站，浑若雕塑，一举一动也有雕塑感，而徒弟们站在台上，风摆杨柳一般，哪有一代名相的风采呀！像申凤梅之学马连良，虽然剧种不同，可谓不辱师门，不惟不辱师门，而且开宗立派，才叫人佩服。

京剧唱腔的高低，我看并不以声音大小分高下，最关键是要稳。所谓稳，就是声音好像变成一个实体，稳稳地飘在空中，伸手就可触摸一样，它是实实在在的。有时候试着哼两句，总是只能哼一个大概，细节全无。书法讲究得心应手，唱腔则是得心应口了。前两天，一个朋友出于至诚，对我写的字加以批评，说是字中无笔。这是很严重的批评，然而我当下信服，乖得像做错事的小学生一样。真东西，揉不得沙子。我临帖就像抄稿子一样，只图痛快，全没有分析法帖中哪一笔是如何下笔，如何运笔，如何收笔的，而这样的过程中，指腕是如何配合、如何动作的，这样最基础的东西还不过关，还谈何境界、情致。如果从会写毛笔字算起，有数十年了，居然还不曾入门，觉得羞愧难当。戏曲频道里有《跟我学》的栏目，由专业演员教票友，把唱段拆开来，一个字一个字地教。有时听一听，才知道原来自己感觉到的唱腔，简直只是唱腔的影子，与真正的唱腔，几乎没有关系。经典的东西，总是这样令人敬畏。一种艺术发展到成熟，必有高不可及的地方，必然有难度，这道理其实通于一切事情。

七八年前，我来到郑州打工，原以为可以常常看戏了，其实不然。且不说没有时间，演出也甚少；且不说看京剧，就是河南地方戏，演出也极为寥寥。数年前看马金凤的几场戏，到剧场一看，满场斑白。一时间觉得我怎么这么另类呀，跟老头老太太们混在一起了。现在可好，河南剧院也拆了。戏剧界倒是时不时弄出一个重大题材奔个奖什么的，我不知道这些戏到底唱到哪里去了，反正没有看过。戏剧混到了被抢救的时候了，为什么不拼命地唱呢？为什么不让所有愿看戏的人都有机会看戏，让还没有喜欢戏的人渐渐喜欢戏呢？不明白，也不想明白，由它去吧。日前，梅兰芳后人来河南唱戏，在河南人民会堂一楼，似乎只坐了些贵宾。我买的便宜票，原以为只能坐在二楼后边听听热闹罢了，谁知二楼的人总共还坐不了一排。

看戏的人，真是太少了。其实想想，喜欢看戏本身也挺难为情的。大多数人喜欢唱歌，喜欢歌星、影星，喜欢足球，而喜欢戏剧的人则是少数。然而，人们一旦喜欢上了一件事，如戏剧，是真心喜欢，它就成了自己的一部分，割舍不下。即便与世不合，也无所顾忌，生为此生，一切过程，皆是其组成部分，岂止割舍不下，也无从割舍。

京剧虽然看的人很少，然而我爱看，只要它存在，还要看下去。将来，看得多了，演员一张口，就知道是什么派，就知道是二黄、流水什么的，那该多好呀!

京剧进课堂

京剧进课堂的事已经成为过去的事了，但我不知道现在的情况怎么样。进了？没进？唱段修改了？没修改？不知道，也懒怠查了。

我不赞成京剧作为必修课进课堂。因为需要进课堂的东西太多了，多到让学生吃不消。但是，我赞成京剧作为课外活动内容进课堂。有人说，秦腔是不是也需要进课堂。我看对于陕西人，是需要的。而对于河南人，知道点豫剧、越调、曲剧，也是必不可少的。否则，作为一个陕西人或者河南人，似乎不太标准。文化以多样性为好，各有各的传统，比如方言，河南人不会说河南话，像什么话！

然而我对有关部门规定的十五个唱段，差不多是深恶痛绝。且看：

一年级：《报灯名》（念白·数板丑）

二年级：《穷人的孩子早当家》（老生）

三年级：《都有一颗红亮的心》（花旦）、《甘洒热血写春秋》（老生）

四年级：《接过红旗肩上扛》（青衣转合唱）、《万紫千红分外娇》（老生）

五年级：《要学那泰山顶上一青松》（老生转合唱）、《猛听得》（青衣）

六年级：《包龙图打坐在开封府》（花脸净）、《你待同志亲如一家》（老旦、老生）

七年级：《儿行千里母担忧》（老生）、《猛志在胸催解缆》（青衣）

八年级：《趁夜晚》（花脸净）、《这一封书信来得巧》（老生）

九年级：《智斗》（花脸、青衣、老生）

十五段中，十段是样板戏，可见规定者是多么无知，对京剧是多么陌生，而贸然就这么规定，又是多么刚愎自用。我们的“官”儿，权太大了，太自信了。

然而京剧的败落，又是不争的事实。原因甚多，也不是一句话说得清的；振兴京剧，也不是一纸政令可办。自古以来，多种艺术形式，有生有灭，有荣有衰，实是自然之理，京剧也是这样吧。而在京剧衰落的过程中，并不以样板戏的虚假繁荣为光荣，相反，样板戏时代对京剧的戕害，倒是史无前例。那个时代，京剧大师马连良只能在某样板戏中打旗，岂不令人心酸？

以我看，京剧式微，根本原因在于文化的断层。也许，我们仍然坚持忠直刚正、知恩必报、贫贱不移等简单、直接而根本的信念时，比看那些图解教条的东西要动心。因此，传统京剧尽管故事老套，我还是爱看。

时 2008 年 5 月 31 日

《狂奔蚂蚁》

《狂奔蚂蚁》这部电影，我用了三个吃中午饭的时间才看完，说明它讲的故事并不十分吸引人。然而看完之后，却时不时地惦记其中的人物。贾东晓、小萱、李微软，还有那个忘了名字的、出国了的女孩。可能是年龄到了，我开始不放心年轻人的生活。

蚂蚁这个词，当然让我想到蚁族。从某种意义上说，我也做过蚁族，现在也基本上是蚁族。什么样的人关心什么样的事，所以有共鸣。广告上有“全世界屌丝联合起来”，说实话，我不喜欢“屌丝”这个词，主要是因为“屌”字。不管它来于山西长治还是江苏兴化，有个“屌”字，终归是不雅的。作为网络语，它的准确解释为“非常苦B的青年”，又有个“B”，还是不雅。语言这东西，说来奇怪，无可言说、说焉不清的事情，常常由生殖器出马搞定。无论是男根还是女阴，大概都是别名最多的器官，而其指向性也最为漫无边际。

贾东晓可能是专门解释“屌丝”的，卑微而且有梦，天可怜见，他算是成功了。然而当他被河北大学毕业的那个新

“屌丝”称呼为“贾导”时，可能从“贾导”这个称谓中，还能嗅出“屌丝”的味道。新“屌丝”被他像当年他被灌醉一样灌醉，老“屌丝”终于有了过来“屌丝”的“屌丝”性，搀扶新“屌丝”回到蚁穴，蓦然见到过去的床、过去的窗子，无限感慨凝结在脸上，甚至让人想到《罗马假日》的结局。这样的老弄堂、破房子，不知还要装载多少五味杂陈的“屌丝”。小萱非主流而任性，作为父辈年纪的人，我不能接受；然而她的种种异化，何尝不是父辈们挤兑出来的？她比贾东晓还要“苦B”，与出国女孩一样“苦B”，无论工作还是嫁人，都很苍茫。李微软在“屌丝”中应该是比较“屌”的，然而毕竟是“屌丝”。

从20世纪中叶，一代人炼钢挖水库，留给下一代饥饿的身体；一代人焚书揍长辈，留给下一代可怕的人性；一代人拼命挣钱，恣意糟蹋资源环境，而且把下一代分为官二代、富二代，以及密密麻麻的“屌丝”。年轻人啊，倘若你现在不是官二代、不是富二代，就只能是狂奔的蚂蚁。

时 2012 年 9 月 14 日

张火丁

我虽然不算戏迷，但常看中央电视台戏曲频道。在京剧旦角中，喜欢看程派。在程派中，最喜欢看张火丁的戏。

她的唱念做舞，无一不精，扮相又好，真所谓色艺双绝。记得有次看《断桥》，她声泪俱下地哭诉，载歌载舞，真是令人肝肠寸断。《毛诗序》说："诗者，志之所之也，在心为志，发言为诗。情动于中而形于言，言之不足，故嗟叹之；嗟叹之不足，故咏歌之；咏歌之不足，不知手之舞之足之蹈之也。"情到深时，贯注到全身心，嗟叹咏歌、发扬蹈厉，不知有我。昆曲中不少折子，载歌载舞，大概是戏的原貌。

前几天，在书房写字，走了神，听到客厅里电视播放《锁麟囊》。乍一听，哦，张火丁？——张火丁好久没有上过电视了。出来一看，的确是张火丁，但只是配像，为程砚秋先生配像。戏已到尾声，我注意薛湘灵与赵守贞的一连串对拜，能行云流水、恰如其分者，大概只有张火丁一人。便想，如果程先生在世时，见到张火丁这样的传人，该会多高兴。

皮相的模仿，是不能克绍箕裘的，更无论发扬光大。与角色贴近，心中有戏，这是常识，但能做到者，却很少。不少演员，心中倒是有观众，总想撂个高腔，讨个彩，只是不入戏，也就差点意思了。据说张火丁不喜欢参加堂会性质的活动，大概就是怕不能沉浸于戏中，也就难以迸发饱满的情绪和邂逅灵感。戏比天大，是不能儿戏的。

悠悠数载，荧屏踪迹难觅。先是听说到中央戏曲学院做了教授，后又听说已结婚生子，都是好事，但还是想看到她的演出。也有人说，由于种种原因，她上舞台机会少了，不知真假，如果是真的，则这种种原因，怕是对不起戏，对不起程派，也对不起张火丁啊。

时 2013 年 3 月 20 日

任德川

言菊朋，姓玛拉特，名延寿，字锡其，号仰山，是蒙古正蓝旗世家子。他高祖父做过武英殿大学士、军机大臣。清代，言在理藩院任职，入民国，在藏蒙院任职。因请假唱戏，被革职，就下海了。起初，一举一动都学谭，后来创立了言派。

以儒雅论，京剧老生，言派为最，然而好像始终不曾火。言菊朋的儿子言少朋，学马派，曾讥其父为“法国老生”，其妻张少楼倒学言派。后来，马少波批评他不孝，经马连良大度同意，才改回言派。言菊朋的亲传弟子中，奚啸伯已另创了奚派。言少朋的儿子言一青，原在上海越剧院唱小生，马少波批评他不孝，改回言派，改名言兴朋，周恩来曾嘱其学好言派。邓小平喜欢言派，然而那时言兴朋与张少楼早已定居美国了。言少朋、张少楼的学生中，现在能得言派传承，人们又熟悉的，恐怕只剩下任德川了，大概也已进入古稀之年。第三代传人如陈圣杰等，似乎还差点火候。言派之传，竟是如此微弱。言菊朋出身高、才气大、脾气倔、艺术难，这就注定了言派传承不能顺风顺水。

任德川，算红呢，算不红呢？说红，他的影响似乎有限，知名度也不高，又在青岛，不在京津沪，出镜的机会不多。说不红，他唱得又真不错，发扬光大谈不上，至少，他不做作，唱的是戏，不是搔首弄姿的表演。现在的老生，要大牌派头的不少，真心唱戏的，不多。任德川还能让人体会到言派的丝丝入扣、娓娓动听，已经不容易了。

有次在电视上看任德川与吕洋同台，这个老头子的号召力，堪堪是不如美女吕洋的。由此想到当年言菊朋与色艺双绝的二女儿言慧珠同台，起初自以为是带女儿，后来才知道观众大多是冲着女儿了，竟不再与女儿合作。——那种孤傲与荒凉，真让人戚戚。东西好，又能怎么样呢？

时 2013 年 3 月 21 日

情理难容

任德川唱的《贺后骂殿》，我喜欢看，时不时会在电脑上搜出看一段。贺后骂赵光义之后，赵光义唱："自盘古立帝邦天子为重，老皇嫂骂孤王情理难容。论国法就该把残生断送……"这一句，总让我毛骨悚然。

而尤其令人毛骨悚然的，是"残生断送"四字甫一出口，执戟之士，就立刻要逮捕贺后。此时，赵光义摆了摆手，显得倒是仁慈得不得了了。

在当时，骂天子，"论国法"可能真的就该"把残生断送"。关键是"烛影斧声"，赵光义是否杀乃兄赵匡胤，成了千古之谜。这个"天子"，本身就可能"情理难容"。以现在的眼光看，"天子"无道，不但该骂，而且该推翻，但真能做到，也难。

历史上，赵匡胤之后不姓贺，而姓宋。据说，她也没敢骂。

时 2013 年 11 月 27 日

在作品中不朽

——纪念李伯安先生

我不爱看转发的微信，自己也几乎不转发。然而，3月11日，却转发了一则，是纪念画家李伯安先生的内容。这是因为，李伯安先生的画，从十几年前看到第一眼起，我就被震撼，这种震撼，没有因时间的流逝而消减。5月2日，忽然收到出版人黄天奇的短信，他告诉我，2014年5月2日，是李伯安先生逝世16周年的纪念日。我的心一揪，一种郁结不散的压抑感攫紧了我。是为其人、为其画？为世道、为命运？我说不清。

我没有见过李伯安先生。1997年4月，我到郑州一家出版社工作，距李伯安先生逝世，尚有一年。李伯安先生供职于河南美术出版社，两社原在一座楼的，不知这一年之间，我是否有幸接近过巨匠的身影。唉，即使有幸擦肩而过，我这个乡野小子，也不认识李先生。即便认识李先生，因为不懂画，也未必崇拜他。西方谚语说：“仆人眼里没有英雄。”仆人所见的英雄人物，也不外吃饭睡觉，平常之极。而至人如常，真正的高人逸士，在日常的生活中也并不故作姿态。在专业领域里名震遐迩者，在家属院和菜市场，往往就是普通的老头儿、老太

太。追溯到吃喝拉撒、生老病死，人人都很普通，而不普通处，应在于精神和事业所达到的境界吧。想来，如果当年认识李先生，只有一个“美术社编辑、会画画”的印象，还不如留下一段距离，以在他高贵的品格、伟大的作品前膜拜！

一时怅触，陷入莫名的寂寥，却无意间看到了架上的一本书。李伯安夫人——张黛女士所编《逝者如斯：画家李伯安资料集》。打开书，里面夹着一张版式纸和该版的所有稿件。想来从事报纸编辑十几年了，留下整版稿件和版式纸的情况，大概仅此一例。这是我无意间留下来的，还是有意留下来的，我记不清了。未亡人为亡夫编辑这样的资料，情何以堪？当时这一定深深触动了我。另外，稿件中有一张“李伯安先生简介”的照片，大概拍摄于展厅，其中一句话大意是，《走出巴颜喀拉》是20世纪中国艺术的辉煌代表。一个学生模样稚拙的笔迹，把“中国”改成了“人类”！我不记得当时看到这张照片时的心情，只是现在，竟禁不住泪水夺眶而出。一个艺术家，身后能得到这样的反响，夫复何求！艺术家，以全部的心血乃至生命，倾注于艺术，所为何来？一则安抚自己的灵魂，二则引起他人的共鸣。曹丕《典论·论文》说：“年寿有时而尽，荣乐止乎其身，二者必至之常期，未若文章之无穷。”想李伯安先生一生郁郁，乐荣有限，而天地不仁，偏偏不假其年，在世之时，他魂牵梦绕的是画，撒手之际，他恋恋不舍的也一定是画，他的灵魂熔铸于画中、升华于画中，他在作品中不朽！

《走出巴颜喀拉》的杰出之处，一为大，一为新。中国艺术直凑单微，长于短章，缺少宏大叙事；长于闲逸轻灵，短于深厚壮丽。《走出巴颜喀拉》深厚的人文背景是黄河与五十六个民族，吾土吾民的历史与精神。借助藏族人物的深情刻画，唤醒了人们久已尘封的宗教般的情愫，庄严肃穆。建立在素描基础上的准确造型，与刻符、岩画、雕塑、舞蹈等原始艺术融会无际，三代秦汉昂藏郁勃的民族血气，顿还旧观。其人物面部表情处理精到毫发，而衣着、场景又大笔濡染，工细到极致，又写意到极致，似有笔有墨，又似无笔无墨，中西交汇，法度全新，现代美术教育的瑰丽愿景，在此成为现实。通观全幅，色调凝重，如黑云压城，似混沌未开，而旋律酣畅，如洪波涌起，撼人心魄。每一次瞻仰这部巨作，我都如接受灌顶，情不自禁地想到民族和历史：我们勤劳吗？我们勇敢吗？我们朴实吗？在沧海桑田的沿革中，我们保留了什么？失去了什么？流在我们血管里的血，当得起“华夏”这个文化称号吗？又想到形形色色的“艺术家”，削尖脑袋争位，挖空心思挣钱，倡优自甘，矫情欺世，其“艺术”只是生存智慧，与艺术何干？毫不夸张地说，如此史诗般的作品，李伯安之前没有，李伯安身后，至今仍然没有。有的评论家把它与蒋兆和的《流民图》相提并论，它当之无愧；即便与《清明上河图》《富春山居图》相比，我看也足堪伯仲。不薄今人爱古人，作品斯在，相信历史公正，这一旷世杰作，必将于中国美术史上永放光芒！

据说，李伯安先生面目清癯，身体孱弱，讷于言辞，平生不惯世路，也许，正因为此，他的精神、气质、才华才全部迸发于艺术。他执意西行，义无反顾地画，先受知于东瀛人西部基夫。西部基夫死后，受知于作家、画家冯骥才。他什么也不需要，只是欣慰于得到的鼓励，便有豪情万丈。然而，画未成，他却倒在了画架前。像《红楼梦》《断臂维纳斯》伟大的残缺一样，《走出巴颜喀拉》第十部分《天路》只是草稿……巨作尚未完成，而巨人已经诞生！我想，每个人在他的画前，都会被震撼、被洗礼，都会为之动容、为之沉思吧！

时 2014 年 5 月 4 日

人物

人物

非大人物也無乃細民頑兒無非師友鄉

親其渺如我者

眾生既平等一粒沙中亦可照見大千吾

罗先生

写这篇文章，我是踌躇的。因为对于同事实际上是前辈的罗先生，道德文章，我都知之不多；交往甚少，知道他的事多来于道听途说，按理说是不宜写的。况且罗先生已经作古，说人短长，不知道是不是有长舌妇之嫌。然而人生在世，不被人议论是不可能的，议论中没有误解也是不可能的，议论中不但有误解，甚至还有蓄意的中伤。事实也好，捏造也罢，人就是被这样善意恶意的议论所模铸，无所逃避。于是，我就记下这些片段。

罗先生的最大特点，就是“好色”。好色好不好，一言难尽。就我而言，阅人不多，还没有见过不好色的。孟子说食色性也。天命之谓性，率性之谓道，好色既然是天性，也就合乎道。好色不淫，是道学家的标准，然而这淫与不淫，标准也难定，社会学家和法学家，仍然也难以界定，我是凡人，就更难说清。

说罗先生好色，有我亲身了解的，也有道听途说的。先说亲自了解的。我与罗先生到许昌出差，走到五一路上，路的两旁都是工厂商店之类，密密匝匝，或者说鳞次栉比，可谓繁华。那地方是罗先生的家乡，他不免怀旧，就说，这地方建国初还是乱葬岗，荒冢累累，茅草三尺，别说夜晚，白天也阴森怕人。小时候读《聊斋》，看到许多公子都有鬼狐艳遇，就经常到这里来，希望自己也遇上一个。《聊斋》，我家乡干脆就叫作《鬼狐传》，里面善良而迷人的狐仙不少，常常夜半跑到书生床前，互道仰慕之余，就款款相就，极尽鱼水。然而云雨久之，书生就会沾上鬼气，大伤元神，这倒又可怕了。一般人，好色而胆子不大，或者说好色而没有达到色胆包天的程度，肯定跃跃然，然而又怯怯地不敢真遇上。这说明罗先生真的好色，而且好到了痴迷的程度。这是少年。中年我不知道，再说老年。我参加工作与罗先生同事时，他就是单身（可能已离了婚），由于某些方面曾经不检，子女也不来往。当然有人张罗着为他找老婆，居然就找到了一个，年纪相若，来就住到罗先生的屋里了，不大出门。过了一段，两人突然吵起来，大概是过不下去了。罗先生嗓门大，讲起课来声震屋瓦，讲课练声音练了几十年，吵起架来更是响彻云霄。那老太太先是不作高声，继而“哇”地一声高起来，一发而不可收，向院里的人大诉其苦。盖云甫经介绍而来，一进屋，罗二话不说，就拥之入怀，继而探手襟中；其后同居，一日能“欺负”者再，等等，泣而诉，诉而泣。罗先生听到这些少儿不宜的话，“哧溜”一声钻到屋里，再也不言语了。其实人由恋爱到同居，这些节目大概都导过演过，两个年近六旬的人，也许更不需繁缛羞涩。然而毕竟年高，在朋友同事儿孙辈面前被这样说，真是挂不住。人们也不免想到，老头儿真是好色。

道听途说的，不少。但有的是只有结论性的话，言者故作见首不见尾的玄远高深，闻者自然不便深究其实。有本有末，而且的确有这回事的，是他与王小姐的曲折离奇、一波三折的故事。一个傍晚，学校办公楼工地上人颇杂，猛然走过一个围巾裹得很严的女人，立即磁石一样吸引了人们的眼光。我身边的一个“老资格”对我说，你看，那就是老罗的情人。我看她三十多岁的年纪，体态并不婀娜，走路低着头，步速则一步紧似一步，像是在逃，转眼间就没入罗先生的寓中了。这是我唯一“见”到她的一面，其实也就远远地看到了侧影。她是本校的毕业生，不知为什么与罗先生相爱，当时闹得满城风雨，罗先生的家人甚至到学校骂街。但罗先生并没有痛改前非，依旧来往。此地交通不便，两人各自又忙各自的职业，见面之难，相思之苦，不知他们各自守过多少孤凄的夜晚。即便是从纷扰的日子中抽出一两天闲暇，奔波相晤；即便总是傍晚或夜间来，又要忍受多少刀子一样的眼光，忍受多少说三道四、戳脊梁骨，想想真是可怕。罗先生住一楼，可能畏人之故，窗子糊得很严，一位严肃而正直的同事曾对我说，你看，这号人总是这样，捂得很严。

男女，直说是性关系，是美是丑，千头万绪，我是说不清楚的。但人们对罗先生的冷漠和讥笑，却让我觉得芒刺在背。虽然我没有什么韵事，但爱人之心还是有的，远远没有达到心如止水的程度。有时一不小心，就会动了心，自问，这是罪恶吗？需要向上帝忏悔吗？需要被人议论甚至辩论、踏上一万只脚永世不得翻身吗？传统道德早就想好了界限，叫作发乎情止乎礼仪。然而礼仪，人所设也，因而人也能破，一旦破了，冲破藩篱，毁之者谓不要脸、流氓。然而即便是“流氓”，假使由此而一往情深，奋其终生去追求，不是也很可贵吗？

罗先生退休后，回到家乡应聘教书。他当年教书非常有名，工作又认真，我见过他的备课资料，批改得密密麻麻，凝聚着几十年的心血。离开了招人非议的环境，他才设法把王小姐招到身边，真正开始了二人世界的生活。虽然人老了，还是值得庆幸。这庆幸的原因有二：其一是我相信罗先生是深于情的。有一次他嘱我写条幅，我问他写什么内容，他说，写婉约派的宋词吧！人到花甲之年，喜欢婉约派的宋词，其中就有无限感慨。我送字的时候，看他架上的书，文学类的倒也不少（他是数学老师），随手翻开两本，都记着某年月日购于某城的字样，某城是他的爱人生活的地方，他大概因爱他的爱人，也爱那座小城。宋词而婉约，相爱而相离，他们在小城雨夜孤灯之下，何其温馨浪漫又苦涩孤独，都不难想象。苦恋终于结果，总是令人安慰的。其二是罗先生虽然年迈，但身体尚好，他很会养生，煮肉炖鸡是行家里手，煮肉用的汤就是几十年的老汤。还会自制药酒，所以常觉红光满面，精神饱满。身体好，才能享受生活，一辈子不顺，到老了，衣食无忧，美眷相随，大概也算无憾了。

然而这样一年后，猛然听说罗先生死了，病死的，死后撇下了年轻的妻和收养的一个女婴。命也夫！

时 1999 年 3 月 23 日

王老师

王老师是我的老师，早已离休了。前年我曾到过她家，见她满头白发，戴着眼镜，很有风度。实际上王老师并非满腹经纶，终其一生，大概只教到小学二年级。说句大不敬的话，她老人家的学识水平，大概也只有小学三年级的程度。

据说她根本没有念过书，因为信仰基督教，只约略识几个字。解放的时候，一个区干部要在村里选女教师，但那时村里没有识字的妇女，区干部就定了一个奇怪的标准：只要是“剪发头”就可以。所谓剪发头，即齐耳短发，那时留这种发型，是最前卫的。村里的妇女，少女则扎发辫，媳妇则绾簪子，剪发头则显得非常洋气。要洋气，敢为天下先，思想肯定就开放，容易接受新事物，一般来说，或多或少，也应有点文化，这样的人，何愁不能做教师？实践证明，那个区干部的决策是英明果断的，王老师经过三个月的培训，果然就胜任了工作，而且教了一辈子。

大概村中从20世纪40年代到70年代出生的人，都经王老师启蒙。从这个起点往前走，后来出了不少大学生。王老师只教过我一学期吧。现在回忆起来，也实在想不起来她的教学特色。只记得我当时是留级生（因年龄小，上了两次一年级），上课时自然就有点不以为意，视新生如晚辈。那时的课本，第一课《毛主席万岁》，第二课《共产党万岁》等内容，对我也实在不在话下。有一次课堂提问，我很自信地举手，却念错一个拼音，她并没有批评，又叫了几个同学念，其中也有留级生，最后纠正时，说同学们要好好念，否则就会出错，有的还是留级生呢。我当时脸很红，心跳厉害，知道她是批评我，但心里又觉得别人不知道，因为还有别的留级生念错的呢，所以又有一种做了坏事而人不知的庆幸。说人不知，其实是自欺，因为老师知道，自己知道，同学们又安得不知？但还是有点安慰，还有点面子，这就像公路上尿急，背了脸去撒尿一样。王老师大概没有读过心理学，这样做是无意为之吧。

一转眼，三十多年过去了。我也教过十年书，现在，把学生也忘得差不多了。学生或许有人记得我，或许也忘得差不多了。一代人一代人，就是这样过来的。

时 1998 年 5 月 31 日

纪娃伯

我不知道郭伯伯的大名，纪娃可能是他的小名，按街坊行辈，平时叫他纪娃伯。

有一年，我放假回家，正值麦忙，穿破布衫，戴草帽，手执打麦用的桑叉，碰见了纪娃伯。他说，你还真像一个种地的。这话我爱听。在我的心中，我永远是农民，而不是所谓读书人。过去我跟他接触甚少，由是，对他多了一层好感。长者称我是农民，算是夸奖我吧。

纪娃伯个子很高，略瘦，白发灿然，瘦长的脸上，带点木木的和善。一眼望去，他就是一个种庄稼的好把式，身体好得很。听说他年轻时，家里穷，没有地，以挑煤、卖煤为生。从禹州山中挑了煤，沿途卖了，得点脚力钱。这样的家境，当然是贫农出身。他说话慢，而且时不时地词不达意。听说他当过村农会主席，真让人无法相信。他有一句话很著名，就是当农会主席时讲的。有一次表先会，他说："我们只能打击我们的模范，而不能保护我们的模范！"

有一次，他给我讲他的革命经历。说是解放前，有一次偶然的机会，他见几个人在一个屋里说话，去了，就听一个干部模样的人讲。干部讲完了，让所有听的人谈谈自己的感受。他说，人家挨个儿都说了，所以，他也必须说两句。说上这两句之后，干部似乎很满意，说，以后跟着我干吧。就这样，他参加了革命。又停了一阵子，他就“混事儿”了，佩了枪。问他当时说的啥，他说早忘了，反正是说穷人受苦，不公平。又有一个机会，几个人坐在一个桌子边谈什么事，他也得到通知参加了，大家说了些吃苦受罪什么的，说以后决心要“干事儿”了。于是大家把枪都掏了出来，拍在桌子上说：“谁要有二心，死在刀枪之下！”

他说：“我干事儿没有多长时间，就解放了，解放后我就成了区里的干部。当了干部，觉悟得高，经常学习，上级叫怎么办就怎么办。我曾在老关营（我们的邻村）当干部，吃饭是在穷人家挨家挨户派饭，我决不允许群众为我做好吃的。有一次，一家做了捞面条，里面还有肉。我实在忍不住了，就说，你家平常是不是都吃捞面条？割肉那得多少钱呀？群众当时就很服气。群众服气，你威信就高，上级也会表扬你。”

我问他，你既然是解放前的干部，什么时间不干了？他说，后来，咱文化不行，比咱资格还老的都退了，咱还不退？做不了工作，就得退。我从记事儿起，他就是普通的农民，如果没有那句名言，恐怕谁也不知道他解放前干过“事儿”吧。

时 2004 年 8 月 5 日

阿辉

2000年8月10日下午，我正在办公室坐，阿辉敲门而入。他穿一个薄薄的大裤头，裤头的颜色很鲜艳，在办公室穿显然太刺眼了。当时我想劝他，因为我们这里穿着是很守旧的。阿辉却说他要走了，辞职离开出版社。

听了他这话，我的心里很凉。打工者流动是常有的事，有的是被赶走的，有的是自己走的。物伤其类，我也不知道能在这里干多久，这就不能不戚戚。其实，阿辉得走，我是早就感觉到了，虽然不宜深问。

阿辉是前年从一个大学的心理学系毕业的，很书生气。他个子颀长，白白的，瘦长脸，戴近视镜，就像二十世纪三十年代的学生。他走路总是一蹿一蹿的；操普通话，有点鼻音，语速不快，但有一种急着要说完的感觉，时不时地夹杂着些斩钉截铁的话，显得有点生猛。阿辉也好玩儿，听过不少音乐，他喜欢刘德华的歌，能模仿得惟妙惟肖。去年在黄河迎宾馆开选题会，他拉了几个人去唱歌，偌大的歌厅，没几个人，他就一首接一首地唱。其中一首刘德华的歌，他唱得跟原声差不多，声音一出，连服务员也鼓起掌来。但到社里开联欢会时，无论旁人如何怂恿，他坚决不唱，大概那时候，他已经知道自己没有唱的心情了吧。他也喜欢看武侠小说，特别喜欢金庸的，差不多每一本都烂熟于心。但三联版的小册子出来后，他还是购买，因为那套书设计得细致、有味。

刚进社的时候，他大概也就二十一二岁，在迎新会上跟着他们编辑室主任一桌一桌敬酒，腼腆，但不失礼数，很乖的样子，给人留下很深的印象。第一次开选题会，他报了些“心灵港湾”“流行音乐”等选题，对出版社来说，像是吹进沙漠的一缕绿风，使人眼睛一亮。但不知为什么，这些书后来都没有做成，应该说他初试锋芒，稍微受了点挫伤。第二年他报的选题更有冲劲，有“作家选文”“诗人选诗”等。还有一本书，是与电视剧同步的，也就是常说的媒体书。这类书都有不错的销量，大家也看好。另有一本，是何向阳的《百年黄河》，学者兼作家的何向阳写黄河，写得纵横捭阖，意境博大。这个路子应该说也是文化散文，但这篇文章跟时下大红大紫的“文化散文”不一样，它不媚俗也不媚雅。对于文章，各人有好恶，术业有专攻，许多人真的没有看过这篇文章，即便是偶尔翻过，也未必喜欢。阿辉可能正是为此，在论证时说，估计大家都没有看过《大家》杂志。这句话即便是实情，也足以深深伤了编辑们这些文化人的面子。包括我这个打工的，也觉得好像是指责了自己的不学无术似的。不学无术倒是真的，但不能挑明；挑明，就像是被剥下了裤头。关于选题，他总是自信，动不动就说某书一定能销多少多少，勇于任事，毫无胆怯。阿涛和阿宴有一个选题，想搜罗当代大学生关心的热点问题，后来感到操作起来不容易，准备放弃。阿辉说，让我做！给我们这些当代大学生一个说话的机会。后来阿辉果然多方联系，费了劲。但，最后还是没有做成。选题做不成，是做编辑的最头痛的事。

阿辉是个勤奋的人，当然这不是指他读武侠小说。他好读现代学术著作和鲁迅作品，人文学科，大多都涉猎过，谈起梁启超、胡适、钱玄同、朱自清等，非常熟悉。我与他交往后，我才知道原来自己过去读的书，都很浅，就像只知道好吃不过饺子，没享用过盛宴一样。在他的启发下，我才读了点书，虽然消化不了，总也可以稍微装点面子吧。这是受了阿辉的惠。

不知道为什么，很多人都说阿辉不成熟，而我对于“成熟”，总是怀有深深的戒心。然而这社会是成熟人的社会，也许正因为此，不成熟的人总是落落寡合，这是没有办法的事。

阿辉走了，遗憾之余，我觉得这也未必不是好事。阿辉说：“我不能这么耗下去了。”这句话倒是成熟的话。

时 2000 年 8 月 12 日

逝者如斯

去年5月17日，周永健先生去世，56岁。看到消息时，心中一凛。周先生患癌症，撒手是意中事，然而还是觉得太早了。我与周先生有交往，编辑过他的随笔集《风幡琴指辨》。这本书的书名，即是我从周先生文章题目中选出来的。征求周先生的意见，他回信说“甚惬鄙意”。周先生擅文言，当时读他的东西，好多地方不懂；又好禅悦，执圆融之说，我读起来，也有琴牛之感。然而他小品文章清空一气，语言简洁明净，独树一格，倒也令我受益匪浅。书出来后，送给周先生的样书他不够送人，又与我交换了些书。他给我的有一本谈原始艺术的书，还有明清画册，以及几本国外油画的书。这些书对于我的知识结构来说，都是缺门儿，看来周先生是有选择的。嗣后周先生又为我写一幅草书扇面，是他拿手的作品；还画了一幅写意花卉。都在箧中，然而我不忍翻出重读，留着罢。我从事书法报纸编辑后，周先生写过一些小品文章，支持我的版面。能约来名家的文稿，好多朋友觉得我的面子大，其实是周先生在扶持后辈。我们在郑州见过面，周先生对我说：“当面感谢，当面感谢！”话不多，暖心肠，没有花哨的客套。后来读到其高足李文岗、漆钢先生的怀念文章，更知道他对后昆的殷切与热情，是对着千千万万人，不是对着一两个人的。周先生又文人自任，对市场不留心，然而去世捐了一百万元，也有人揣度，作为重庆市书协主席，怎么说也得是个富人。后来才知道，是他临终前创作的一批作品，易为黄白，悉数捐出，驾鹤西游，不使阿睹物为累也。

周先生的书画虽好，然而没有达到他自己所要求的圆融境界。周先生去世后，我仍然收到了他的作品集，想是先生交代寄来的。这本集子的后记中，周先生对自己的作品，做了交代，离大成之日，只需数年，然而这数年，却天不假予。倘再许以数年，以他的修为和定力，必然为大宗匠。噫，天缺一角，地缺一隅，奈何奈何！

去年还去世个重庆人，陶永胜先生，也是癌症。他也写草书，从事书法教育。陶永胜先生常给我打电话，浓重的重庆版普通话“我找孟老师”，报社里差不多人人都能模仿。他是抗癌英雄，热情似火。他的狂草，见仁见智，由人评说，他的热情却是难得其匹的。一天，忽接到陶先生女公子的电话，说是他父亲不在了，看能否发个讣告。讣告是不便发的，然而我也算谋一回私，把陶先生去世的消息处理成一条短讯，发了。因为他是真正热心的读者。陶先生说话如嘉陵江水滔滔不绝，经常会说“我知道你忙，只再说一分钟”，但至少就会再说五分钟，有时候我也烦。然而，以后再也不会听到那样的“我找孟老师”了。

前几天，我在手机里翻出周先生和陶先生的电话号码，默默地删了。

年前，“拳拳五人展”开幕，谷松章兄作为篆刻名家，没有参加这个纯书法的活动，然而也热情地率《青少年书法》杂志去捧场。他拿着相机，不断地打招呼、拍照、与人交谈。开幕式刚结束，他突然把相机交给我，说葛冰华去世了，他要立即飞往哈尔滨吊唁。一闻凶讯，万里往吊，古风也。我与葛冰华没有交往，只记得通过一次电话。那时我刚刚从事目前的工作，对篆刻界相当陌生。电话中他说了两遍他叫葛冰华，我居然没有听出来。因为我不知道葛冰华，就像没看过电影电视的山间老农不知道章子怡是一样的。后来知道了葛冰华，知道了公章印，知道了他的新锐。新锐凋谢，才四十七岁。虽无交道，也不免连类而及。生命真是短暂啊！

昨天，看十版校样时，先看西中文先生写的主持人语。居然看到了段正敏先生正月初八去世的消息，心里顿时觉得冰凉冰凉。去年初，我们举办第一回拳拳五人展，段先生看了，觉得还满意，于是决定邀请这个展览到偃师张海艺术馆再举办一次。姜宝平、陈晓宇、薛明辉、芦荻诸兄和我无不欣然。开始定在五一期间，段先生做好了一切准备，然而没有成行。后来，因为作品集用完了，准备重印一些，我们就商议说，既然重印，不如把周俊杰、西中文等先生的点评也印上。另外，张海艺术馆是大展馆，可以展大尺寸的作品，不如每人再写几幅大作品。这就拖了下来。去年秋天在中牟开会，回郑时我与段先生同车，段先生又说起这回事。我当时说，好的，我们尽快商量一下，早点过去。冬天，又是一次拳拳五人展，吃饭时我与段先生同桌，见他红光满面，胖了不少，我就举杯祝酒。段先生说："不能喝了，这不是胖了，是病了。而且病得不轻，说不定……你们的展览赶快办吧。"我当时也相信他是病了，但说到其他，纯粹玩笑话，也没放在心上。年前，我催促芦荻兄赶快印作品集，还开玩笑说："别段老师……我们还没准备好呢。"也就是前天，下班时我与芦荻同时出来，他告诉我说，工厂不知道放着的残页是拳拳五人展作品集的内页，当废纸处理了。这倒没有想到。我说，真不行展览就算了。芦荻兄还说，我们还是每人再写几幅，找个机会过去一趟吧。然而，昨天，我就读到了这样的消息。

段先生热心而勤于事，为当地书法界出力不少。记得有次在一起，说起他们办的《河洛书风》，别人问为什么不请张海主席做主编，再拉一些名家过来。段先生说，张主席说了，就你们自己去办。办不好，咱们是农村，人家会原谅咱们的水平；办好了，人家就会说，偃师还是有几个人才的。偃师虽然是张海主席的故乡，书法之乡，书法文化积淀甚厚，但毕竟是县级市，《河洛书风》能办得风生水起，真是不容易，确实也说明了偃师还真是有人才。不但有人才，更有热心奉献的人才。段先生是性情中人，也能饮几杯，那次同桌吃饭，满桌子年轻人，段先生最年长，劝酒当然以他为核心。他说，老猴斗不过小猴，果然一会儿工夫，已是满面通红，声音发飘。按常理，像段先生这样的人，应该长寿，然而无常之所以为无常，难料啊！他1945年生，64岁。

无常之中，如何经历这个过程？不免有幻灭之感。今年以来，每感诸事不顺，郁郁不平，前天还无端与人吵了一架。现在想想，也十分无谓。还是执着太深，不了解生活、生命的真谛。正如小沈阳所说，两眼一闭一睁，一天；一闭不睁，一辈子。什么事都看开些吧，即便如生命。《论语》二十篇，不见苦字，说明孔子即使周游列国，到处碰壁，惶惶如丧家之犬，触目也皆是乐境。逝者如斯，人生不乐复何为？

时 2009 年 2 月 18 日

感喟

感愧

蒙教不敢作言之亦不敢不盡

母子孫深感愧如此而感愧之情不能盡所

以感愧不已者也子為之痛人多矣

日前見有所修真高士其而著書未子遂而

不作老子不覺始遺五千之言而意未嘗不如是

读书偶感

1

读畅销书，像赶集，往人堆里挤，摩肩接踵，凑个热闹；读冷僻书，像约会，朝没人处钻，月白风清，俯仰自得。

人人都看足球，说足球，你不看，不说，也就淡出了这个世界。读畅销书，也是争取说话的权利。

车水马龙、人声鼎沸是一种境界；冷月无声、寒水自碧也是一种境界。

2

盗版书为什么有人买？因为便宜。书可分为两种：千里万里，辗转相随，不忍离弃的，当然是佳品；随便翻翻就永远不可能再翻的，当然是次品，甚或是废品，这在盗版书中俯拾皆是。

买盗版书，虽然不犯法，终究是为虎作伥。仰视河汉，能不愧怍？

3

五光徘徊，十色陆离。书越来越重包装，就像人越来越重打扮。

俗话说，货卖一张皮。俗话又说，论穿还是粗布衣。

妖娆的封面让人生狎昵心，简朴的封面让人生庄严感。放在枕头边，就着床头灯去读的书，不妨靓一点、酷一点；适合明窗净几、吟哦甚至下酒的，何不来点只可远观、不可近玩的呢?

4

三十年写成的书，寿命至少三十年；三十天写成的书，寿命至多三十天。

5

“写”字的越来越少，“码”字的越来越多；“著”书的越来越少，“做”书的越来越多；学问渊博的越来越少，著作等身的越来越多。

6

随兴读书，随手校勘，随意批注，随时掩卷，岂不快哉！一盏灯，一杯茶，一卷书，一支笔，一人，一夜，幸何如之。

时 1998 年 7 月

伯夷和柳下惠

《孟子·公孙丑上》讲到伯夷和柳下惠。这两个人的交友处世之道，的确很不一样。伯夷是“非其君，不事；非其友，不友；不立于恶人之朝，不与恶人言”，差不多与恶人不共戴天。柳下惠则说：“尔为尔，我为我，虽袒裼裸裎于我侧，尔焉能浼我哉！”你是你，我是我；你就是在我身边光着身子，又怎么能迷惑或者污染我呢？所以“由由然与之偕而不自失焉，援而止之而止。援而止之而止者，是亦不屑去已”。他与恶人相处，让在一块就在一块，也懒怠离开。这“援而止之而止”，很像现在人到了明眸皓齿灯红酒绿流金滚银的场所，开始总不免觉得有点那个，但有人“援而止之”，也就“而止”了。既然不走开，恐怕就难免随喜。经不起诱惑，总要有个开端。

伯夷和柳下惠到底不是一般人。伯夷后来不食周粟，采薇首阳山中，饿死了，成了隐士的祖师爷。柳下惠居然也没有被污染。传说他夜宿郭门，遇到一个没有住处的女子，怕女子受冻，就用衣服裹住女子抱在怀中，坐了一夜，也没有发生点什么事。这就是“坐怀不乱”。想来坐怀倒也不难，至于“乱”不“乱”，天知道。

孟子对这两个人都不赞成。孟子曰：“伯夷隘，柳下惠不恭。”意思是伯夷不够意思，太狭隘了；柳下惠简直不像话。然而，如果孟子到了明眸皓齿灯红酒绿流金滚银的场所，是痛斥一番拂袖离去呢，还是“援而止之而止”随喜一番呢？

我老祖宗不会回答这样无聊的问题吧。算了，不问了。

时 2001 年 11 月 19 日

距离

我看到新醅的文章《我爱，请直面我，然后离去》。说实话，我对这样很女性的文章，很难引为同调。但是，不能不承认这篇文章情真意切，近于呼天抢地。文章里说："我最爱的人，我只能看到他的背影，我伸出手去，却只有破碎虚空；我最近的人，转身而去，用最残忍的方式来割裂我，我伸出手去，仍只有破碎虚空；我最亲的人，转身而去，我已支离破碎，伸出手去，依然只是破碎虚空。"这种撕心裂肺的感觉，我早已没有了。

我老了，不太容易感动了。劳作的手容易生出老茧，经过煎熬的心，也早已不那么灵敏。

于是想到了人与人之间，不论是亲子、夫妻，还是朋友、同事，究竟相互拥有什么。如果说有亲情、有爱情、有友情，大抵是不错的，但这些情，又是如何衡量的呢？这恐怕一言难尽，如果强为之说，那就只有距离。直面相对，相拥抱，相款款而语也罢，怒目而视，相诟詈，相殊死搏斗也罢，或者竟不愿相对，引车远避，不交一语也罢，总是距离在起着作用。

直面常常使人与人虚与周旋，背影却让人深长思考。所要留住的，既不是直面，也不是背影。所能拥有的，或者远，或者近，全是距离。人与人就是这样，如天上的星星，虽晴朗无月，繁繁密密，终究各自独立。

种过庄稼的人知道，庄稼分为独苗庄稼和群苗庄稼两种。独苗如大豆、芝麻，宜种得稀些；群苗如小麦，宜种得稠些。我曾经掰开一丛小麦苗根，发现每一丛虽近于一体，而其实仍是棵棵分明的，并不粘连。比翼鸟我没有见过，我想，如果真有这样的两鸟，未必利于飞行，而所谓连理枝，大概也是一种病吧。

人相对于草木虫鱼，未免多情，所以，以外科手术的方式分析人与人，简直是离间同类，而心太残忍了。然而的确如此，奈何奈何！比如我之于作者新醅，颜无一面，书无半纸，一语相激，有此唱酬，也大概如春树暮云，参商相睽。如果以科学的眼光看这个距离，还真是辽不相涉呢。

附记：

新醅，是个笔名，准确地说，是个博客上的笔名。记不清什么时间了，在网上漫漫聊天，就碰到了新醅。她突然发来一个链接，打开，就是所谓博客。我于是学会了写博客。

这个新醅的文章好，凄美。她是从事IT业的。据她说，谈了多年的朋友，要分手，心情不好。她的男朋友，原是在她的公司打工的，她供他上学，帮他创业，渐渐发展为恋爱关系。其间，他劈腿，使女网友怀孕，她便挺身而出，以未婚妻或竟妻子的身份，为他平息事端。再后来，他终于变了心。男人遇女人变心，无非冲冠一怒；女人遇男人变心，却肝肠寸断。

而新醅，却患上了绝症，余日无多。她的博客，也似乎渐渐阴森凄冷。终于，她的博客不再更新。再后来，网站没有了。再也找不到她的踪迹了。

她的博客叫“流觞素舸”。如果不是今夜整理旧作，我恐怕也将忘却了。

时 2014 年 9 月 7 日

读书

读书的作用无非有两种：谋生和消遣。

所谓谋生，不是说不读书就不能活，读书是为了活得更舒服些。如《儒林外史》中的范进，一旦成了举人老爷，就有了猪肉和银子；又如苦读工商管理，希望在云谲波诡的商海中直挂云帆，锦衣玉食。或者也有不爱钱而好名的，实际上名利二字，就像热恋中的情人，是常常情不自禁就抱成一团儿的。最不济的，读点“怎样写信”，在邮政局门前摆个摊，作姜太公钓鱼状，也可以博得些碎银子。这都是为稻粱谋。

消遣，就不好细分。世上的书以闲书为多，五花八门，消闲的方式，更是五花八门。贾宝玉和林黛玉共读《西厢记》，缠绵得叫人艳羡，但没有什么目的，既不为背台词，也不是为了讲故事，更不是备课。火车站、汽车站上，常有人聚精会神地读小书小报，读了一般也没有什么用处，这是消闲。一个花农读怎样养花的书，是为弄钱；一个主妇也读这样的书，却是消闲。

然而真正的“读书人”，似乎既不为稻粱谋，也不为消遣，他们读书只是一种生活方式。比如呼吸，不停地呼吸，也没觉得忙得要死，而一旦不呼吸了，还真是不行的。

双层大巴

香港回归（1997年7月）那阵儿，郑州有了双层大巴。坐在十分艳丽的双层大巴的上层，可以游览喧闹的城市，也可以看看各色各样的人。走在大街上，当然也可以面对面地看人，但距离太近，就不能产生审视的感觉。

传说乾隆皇帝游江南，在山寺中看江上的船，樯桅林立，十分繁华，禁不住问老僧："你知道江上有多少船吗？"老僧却说："只有两只，一只为名，一只为利。"江船皆为名利牵，虽是老话，然而老僧毕竟也算是透彻的人了。他之所以透彻，一是因为在山上，二是因为在寺中。如果也在街上，就不一定如此透彻。

相面的人，凭着三寸不烂之舌谋生，高手一眼可以看穿一个人，也不过是处处留心罢了。双手绵如柔荑，必非靠体力吃饭；衣帽光鲜，年纪不大，顺口说个父母双全，一般也不会错。而人生在世，喜怒穷窘，悲欢离合，未必不在脸上刻下些记号，纵使化妆品再怎么神奇，也并不能掩盖一切。你的现在，就是你一切经历的结果，无可遁逃。

我坐在双层大巴上看别人，想来也有人在双层大巴上看我。然而直到现在，我还真说不清楚，我是什么样子呢!

敏感词

早晨意外地早醒，把一篇旧文敲入电脑。

敲完，却保存不上。提示说文中有敏感词语。想来我老人家虚伪得不得了，文章中从来不用敏感的词语，怎么可能？呵呵，对了，是提到了朱自清老乡为朱自清故居写的牌匾和诗。

其实，牌匾和诗大概还在那里挂着，这只是写实，非但不是诽谤，简直可以说是“歌颂”。电脑对我如此不客气，奈何奈何！

敏感，敏感，敏感，敏感，敏感，这次敲上这么多敏感，看你叫我存入不？

时 2004 年 7 月 9 日

经济牌香烟

出差到南方，在一个高速公路服务区，买到了一盒经济牌香烟。

我第一次买烟，买的就是这个牌子。那时，经济烟是最便宜的香烟，每盒八分钱。我们好几个伙伴，凑钱买了一盒，就很有点“成功男人”的得意了。其时当为1974年左右，我八九岁。而满怀豪情去抽时，差一点被呛死。原来抽烟这种本事，也是需要练过的。

八分钱毕竟不多，而当时，普通工人的工资，大概每月三十元；现在的经济牌香烟每盒四元，我的工资一千五百元。三十年过去了，烟价是过去的五十倍，工资也是。太阳底下没有新事，抽烟亦然；人生当然也如此，我们无意去重复自己，却在无意中重复了别人。

2004年12月25日，西人所谓圣诞节，竹堂独坐，冷入骨髓，记此。

三人行

子曰：“三人行，必有我师焉；择其善者而从之，其不善者而改之。”

孔子的话，正所谓“一句顶一万句”。世界上毕竟好人多，我们在理解孔子的这句话时，常常把注意力集中在“师”上、“善”上，看到了孔子的谦恭和善良。然而，孔子明明也说了，除了“善者”之外，还有“不善者”在焉。

如果这样看，则孔子分明还有许多要说的话，省略不言了。圣人毕竟是圣人，总是温柔敦厚，像我这样尖酸刻薄之人，要是也说这样的话，肯定还应有如下几句：

三人行，必有自私自利之人，专为自己盘算，鲜为别人考虑。

三人行，必有搬弄是非之人，唯恐天下不乱，借以从中营私。

三人行，必有心底狭隘之人，工于算计，嫉贤妒能，唯我独尊。

三人行，必有胆小怕事之人，绝游息交，离群索居，岂可得乎？

其实三人行中，什么人都有，什么事都有，啰唆这些，实在也是废话。

时 2005 年 1 月 10 日

唱和

像我这样20世纪60年代出生的人，最先接触到的“唱和”，差不多都是《满江红 · 和郭沫若同志》《七律 · 和柳亚子先生》。其中，“小小寰球，有几个苍蝇碰壁。嗡嗡叫，几声凄厉，几声抽泣”“牢骚太盛防肠断”这样的名句，差不多令人过目难忘，觉得诗词原来是这个样子的。若干年后，方知唱和乃诗家常事。

等到自己也偶尔手痒，对着韵书摇头晃脑时，有了新作，也想发给师友同好。一旦有人作和，或竟步韵，是会带来一种莫名的快感。然而，来而不往非礼也；出来混，迟早要还的。设若娴于声律，有七步之才，作和也许惬意，然而于我，则苦不堪言，每欲和作，歇斯底里般吃奶的劲使出来，仍然落得一地鸡毛。佛家谓人生有八种苦楚：生老病死四苦，怨憎会苦，爱别离苦，五取蕴苦，求不得苦。看来，还得加上唱和之苦。

记得好像是《儒林外史》上曾经说过，分韵题诗、联句唱和，雅得太俗。也是，人哪有那么多的诗情，看见别人的诗，就立刻去和，不免就会有为诗而诗的假惺惺。实际上，唱和本来就有应酬的意思，专事唱和，岂不是雅得太俗？

做不来的事，不做，也许就是“放下”。吾不能把有限的生命，投入到无限的唱和之中，因而基本不和，退一步海阔天空。

时 2013 年 9 月 12 日

公交上的花

上班的路上，一眼瞥见身后的公交，司机身边放满了花草。司机是个女孩。

挡风玻璃后，一小盆不知名的小白花，闪闪开着，珍珠般白，指尖般嫩，露珠般水灵，像嘴角跳荡的笑意。一丛绿萝，不算茂密，只爬出三两条藤蔓，懂事地舒展着，娇羞地吟唱着。

这个女孩有意思。

莳花弄草，余亦不免。然而有时，觉得花草之属，终究还是生长在大地上好。欧阳子《画眉鸟》云："百啭千声随意移，山花红紫树高低。始知锁向金笼听，不及林间自在啼。"画眉是不愿锁向金笼的，花草又何尝愿养在温室，况随车颠簸不已者乎？

唉，凡事不能多想，想多了，就没有意思了。

时 2013 年 9 月 12 日

谣

“谣”这个字，像是贬意。《楚辞·离骚》：“众女嫉余之蛾眉兮，谣诼谓余以善淫。” 王逸注：“谣，谓毁也。诼，犹谮也。”然而歌谣之“谣”，则非贬意。《诗经·魏风·园有桃》：“心之忧矣，我歌且谣。”《毛诗故训传》曰：“曲合乐曰歌，徒歌曰谣。”徒歌，大抵就是顺口溜。

“谣，谓毁也。”诋毁者，必无中生有，居然人言可畏。而粉饰以欺世的说辞，不知是否可谓之“谣”。尤其堂而皇之者，令人不敢生疑。

经年见闻之后，余知之矣，所谓清者自清，浊者自浊，还历史以本来面目云云，不过是良好的愿望而已矣。

时 2013 年 9 月 13 日

大言

古来有大才者，庶几皆尝作大言。有真才实学，发警世之语，是才学迸发，不但不讨人嫌，简直可爱。无真才实学者，满嘴跑火车去欺世，那才可恶。

近日，偶览木心《文学回忆录》，其中摘出不少“海口”，不妨录出数则备忘。

孔子：“文王既没，文不在兹乎？天之将丧斯文也，后死者不得与于斯文也；天之未丧斯文也，匡人其如予何？”由《论语》可知，孔子很少说大话，说这样的话，可能也是不得不尔。按现在的话说，是忧患意识和责任担当。后世不嫌孔子夸口，而对孔子的赞扬，却远甚于此。朱熹《朱子语类》卷九十三云：“天不生仲尼，万古如长夜。”谓“唐子西尝于一邮亭梁间见此语”。唐子西，名唐庚（1069—1120），字子西，眉州人，《唐子西文录》载：“蜀道馆舍壁间题一联云：‘天不生仲尼，万古如长夜’，不知何人诗也。”这吹嘘，显然不符合自然规律，天不生仲尼，日月之行，昼夜之替，应当依然。而天既生仲尼，以世事论，万古也未必不如长夜，黑暗的年代，总是会有的。

孟子：“夫天未欲平治天下也，如欲平治天下，当今之世，舍我其谁也？”孟子总是激情澎湃，说出这样的话，可以理解。然而终孟子之世，未见平治。天下果行孟子之道乎？“民为贵，社稷次之，君为轻”，即两千年后，未必然也。

谢灵运：“天下才共一石，曹子建独得八斗，我得一斗，自古及今共用一斗。”这话无厘头。曹子建没有八斗之才，谢灵运也占不得一斗。明明想自夸，还拉曹子建垫背，曹植算是躺着也中枪了。

李白：“梁陈以来，艳薄斯极，沈休文又尚以声律，将复古道，非我而谁欤？”这话符合事实。李白的古风，厕于两汉，非但无愧而已。李白《赠张相镐》云：“十五观奇书，作赋凌相如。”也不过分。

杜甫：“七龄思即壮，开口咏凤凰。”句出《壮游》，此诗的雄壮，恐怕只有杜甫能之。沉郁顿挫的杜甫，鲜有扬眉吐气的诗句，此诗前几句：“往昔十四五，出游翰墨场。斯文崔魏徒，以我似班扬。七龄思即壮，开口咏凤凰。九龄书大字，有作成一囊。”读之如饮烈火，令人气旺。而且，这里全是铺陈其事，并未言过其实。

欧阳修：“吾诗《庐山高》，今人莫能为，唯李太白能之。《明妃曲》后篇，太白不能为，唯杜子美能之。至于前篇，则子美亦不能为，唯吾能之也。”呵呵，言下之意，六一将凌李杜而独有千古乎？读其《庐山高歌赠刘凝之》，以及《和王介甫明妃曲》其一、二者，恐未必然之耳。

木心说："从儒家到文学家，再到宋代的理学家，越来越不像话了。"如宋陆象山："宇宙内事乃己分内事，己分内事乃宇宙事。"明王阳明："人本与天地一般大，只是自小耳。"理学家，即程朱吾亦不喜，因而我看他们是说大话不报税。说大话，吾乡谓之"喷"，他乡或谓之"吹牛"。吹牛，指"吹牛皮"，而"吹牛皮"是否"吹牛逼"的雅而言之，亦未可知。

书法家亦多擅此道。艺术家，不疯魔，不成活。如果对自己的东西不自信，说明还真没有达到一定的高度。

魏晋间人，往往"一丝不挂"，不为礼法所拘。谢安问王献之"卿书何如右军"，献之就敢于回答"固当胜"。孙过庭看不过去，认为哪能自称"胜父"呢？然而以当时人评骘书法的情况看，孙虔礼恐怕也隐隐感到天下知音难觅，"舍我其谁欤？"

东坡《记与君谟论书》云："近年蔡君谟独步当世，往往谦让不肯主盟。往年，予尝戏谓君谟言，学书如溯急流，用尽气力，船不离旧处。君谟颇诺，以谓能取譬。今思此语已四十余年，竟如何哉？"以我小人之心度之：往年蔡襄不肯主盟，四十余年后，今我苏髯，已经主盟了啊。山谷跋《黄州寒食诗》曰："它日东坡或见此书，当笑我于无佛处称尊也。"以我小人之心度之：东坡既不在，俺涪翁就称尊了啊。米芾《至伯充台坐帖》："天下第一者，恐失了眼目。但怵以相知，难却尔。"呵呵，"难却"什么啊，其实求之不得，听了"天下第一"这样的奉承，心里一定美滋滋的咧！董其昌"初师颜平原《多宝塔》，又改学虞永兴。以为唐书不如晋魏，遂仿《黄庭经》及钟元常《宣示表》《力命表》《还示帖》《丙舍帖》，凡三年，自谓逼古，不复以文徵仲、祝希哲置之眼角”。这话似过头，又似不过头。钱坫有闲章《斯冰之后，直至小生》。此语若移于邓完白，想天下无间言，而钱氏自诩如此，也似乎不算太过分。赵之谦有印《汉后隋前有此家》，亦觉当之而无愧。

无论如何，上列这些人，都是有本钱的。而论“天下第一者”，眼下真如过江之鲫。一日，有朋友打电话，问：“当代十大书法大师”之一的某某，汝知之乎？又问：画画的“某某王”，汝知之乎，大概是将出重金而购藏。我说：凡自称大师、大家、宗匠、巨匠，或“某某王”“某某宗师”“某某天下第一人”者，都是江湖骗子，不要搭理他们。朋友不太信我的话，由他吧。

时 2013 年 11 月 14 日

知命

近日颇有奔波之感，而且小病小灾不断，每感疲惫，有点无聊。想古来成事业者，皆精力过人。各界精英，十之八九，精力过人，迷恋应酬，见到有用之人，即有乍见惊呼的雀跃；推杯换盏，礼貌周到；辩才无碍，昼夜不倦；审时度势，明察秋毫，秉赋真的是来于先天。

噫，年且半百，方知“身体第一”“是无等等咒”。精力不济，凡事就要知收敛。有的人八面玲珑，呼风唤雨，既富且贵；有的人青灯黄卷，蒲团坐破，穷且益坚，倘若各是其是，各安天命，以中有足乐者，又何必轻易羡人呢？比如，人家是成功人士，咱可以安于失败人士；人家住“高尚”社区，咱可以安于“卑鄙”社区；人家吃山珍海味，咱吃豆腐白菜；人家坐香车宝马，咱坐公交或骑自行车；人家是脊梁，咱安于屌丝。总之，好死不胜赖活着，也无不可。

孔子五十而知天命，后二十余年，奋发之志似未稍减，大概也知道其命该如此，而心无旁骛了吧。

时 2013 年 11 月 27 日

不问书法问升沉

书协临近换届。有经营书画者访予，咨询下一届中国书协主席团谁可能上、谁可能下；某省书协主席团谁可能上、谁可能下。关键在于分析出谁上位的可能性大，马上投资其作品，以期快速取得投资利益。

某一介布衣，不问肉食之事，茫无以应。访者纵论滔滔，天下事如在指掌间。而说及谁写得好，访者所知又甚少。即风头正劲之青年名家，亦似无闻。

世事如斯，使我不得开心颜。

时 2013 年 11 月 29 日

奇葩

美国旧金山时间7月6日11时36分，韩国亚洲航空公司214航班在机场降落时发生故障，燃起大火，浙江江山中学两名学生不幸遇难，她们是17岁的王琳佳和16岁的叶梦圆。7月9日，《中国青年报》刊发记者庄庆鸿采写的通讯《花谢旧金山》。文中说："如果她们在世，知道浙江省委组织部部长蔡奇在关注她俩，王琳佳也许会惊喜地睁大了眼睛，笑眯眯的，而叶梦圆也许不敢相信地跳了起来。"

2008年，汶川地震，当时山东省作协副主席王兆山诗，中有"党疼国爱，声声入废墟"以及"纵做鬼，也幸福"等句。

此等文字，真可唾骂也。

时 2013 年 12 月 12 日

除夕

一年不过若干天假期，还有个叫作“假日办”的专门单位，真是扯蛋。假日办又是调查，又是研究，终于公布了假日方案，除夕不是假期。

想想吾国吾民，最底层者，为了家人糊口、上学、看病、居住等，不得不背井离乡到外地打工，骨肉分离，与空巢老人、留守儿童相期盼。这本身就已经残忍，然而除夕还不是假期。

年夜饭，各自吃吧，或者不吃也行。

然而，据说，有关部门解释说，因为大部分单位除夕会放假，所以，把除夕排除在法定假日之外，实际上是给百姓多了一天隐性假期。这听起来，的确是“仁政”，然而我觉得比除夕不放假更加可怕。言必信，行必果，人无信而不立，契约精神的缺失，大抵是把人朝无赖的方向推，情何以堪？

时 2013 年 12 月 13 日

吕蒙正及其《命运赋》

去年，与某官长同宴饮，官出示其所作文章，曰《命运赋》，举座无不叹服。后于网络复见之，乃知为北宋名相吕蒙正所作。一时大惭，自恨读书少，遭人戏弄耳。而彼官之好名，复何以言？

吕蒙正（944—1011），字圣功，河南洛阳人。太平兴国二年（977）丁丑科状元。据传，少时随生母被赶出家门，寄居洛阳龙门寺庙。僧人怜悯，凿石窑供其母子居住。吕蒙正三次拜相，政声卓著。晚岁病归洛阳，宋真宗曾两度至其家。吕蒙正有七子，皆为官，真宗问谁可委以重任，吕蒙正曰："诸子皆不足用，有侄夷简，任颍州推官，宰相才也！"后吕夷简果然为一代名相。

《宋史》有传：

吕蒙正字圣功，河南人，太平兴国二年擢进士第一。五年，拜左补阙，知制诰。未几，擢左谏议大夫，参知政事。蒙正初入朝堂，有朝士指之曰："此子亦参政耶？"蒙正阳为不闻而过之。同列不能平，诘其姓名。蒙正遽止之曰："若一知其姓名，则终身不能忘，不若毋知之为愈也。"时皆服其量。

李方罢相，蒙正拜中书侍郎兼户部尚书、平章事。蒙正质厚宽简，有重望，以正道自持，遇事敢言。每论时政，有未允者，必固称不可。

先是，卢多孙为相，其子雍起家即授水部员外郎，后遂以为常。至是，蒙正奏曰："臣忝甲科及第，释褐止授九品京官，况天下才能老于岩穴，不沾寸禄者多矣。今臣男始离襁褓，膺此宠命，恐罹阴谴。乞以臣释褐时官补之。"自是宰相子只授九品京官，遂为定制。朝士有藏古镜者，自言能照二百里，欲献之蒙正以求知。蒙正笑曰："吾面不过碟子大，安用照二百里哉？"闻者叹服。

尝灯夕设宴，蒙正侍，上语之曰："五代之际，生灵凋丧，士庶皆罹剽掠，当时谓无复太平之日矣。朕躬览庶政，万事粗理，每念上天之赐，致此繁盛，乃知理乱在人。"蒙正避席曰："乘舆所在，士庶走集，故繁盛如此。臣尝见都城外不数里，饥寒而死者甚众，不必尽然。愿陛下视近以及远，苍生之幸矣。"上变色不言，蒙正侃然复位，同列多其直谅。

《命运赋》又称《破窑赋》《寒窑赋》，或称《劝世章》，网上版本多种，互有异同。“百度百科”全文如下：

天有不测风云，人有旦夕祸福。蜈蚣百足，行不及蛇；家鸡翼大，飞不如鸟。马有千里之程，无人不能自往；人有凌云之志，非运不能腾达。文章盖世，孔子厄困于陈邦；武略超群，太公垂钓于渭水。盗跖年长，不是善良之辈；颜回命短，实非凶恶之徒。尧舜至圣，却生不肖之子；瞽叟顽呆，反生大圣之儿。张良原是布衣，萧何称谓县吏。晏子身无五尺，封为齐国首相；孔明居卧草庐，能作蜀汉军师。韩信无缚鸡之力，封为汉朝大将；冯唐有安邦之志，到老半官无封；李广有射虎之威，终身不第。楚王虽雄，难免乌江自刎；汉王虽弱，却有河山万里。满腹经纶，白发不第；才疏学浅，少年登科。有先富而后贫，有先贫而后富。蛟龙未遇，潜身于鱼虾之间；君子失时，拱手于小人之下。天不得时，日月无光；地不得时，草木不长。水不得时，风浪不平；人不得时，利运不通。

昔时也，余在洛阳。日投僧院，夜宿寒窑。布衣不能遮其体，淡粥不能充其饥。上人憎，下人厌，皆言余之贱也。余曰：非吾贱也，乃时也，运也，命也。余及第登科，官至极品，位列三公。有挞百僚之杖，有斩鄙吝之剑，出则壮士执鞭，入则佳人捧袂。思衣则有绫罗锦缎，思食则有山珍海味。上人宠，下人拥，人皆仰慕。言余之贵也！余言：非吾贵也，乃时也，运也，命也。

盖人生在世，富贵不可捧，贫贱不可欺，此乃天地循环，终而复始者也。

比较可见的几个版本，似乎都不是原貌。据说，文章出于《吕文穆公传》，可惜未能找到。

时 2014 年 6 月 25 日

游语

將讀書將讀之無趣之意乎
得其開口即如高頭講章豈不味
同嚼蜡乎吾之三思耶記而好之即
傚之之妻讀之亦惟乎文能思惟記之
子甚妙而記之子甚多識筆如此聊
以涉之耳

· 坐公共汽车，有卖花生者吆喝：吃了花生，一路顺风。香焦酥脆，好吃不贵。一袋一块，先尝后买。1996.3

· 冬宜对密友，有拥炉之昵；夏宜对艳友，有秀色之餐。1996.3

· 欲不输钱，必不赢钱为先。1996.3

· 梅不如杏，菊花不如油菜。1996.4

· 一客劝家严皈依基督，云：“忏悔可免疾病。”家严曰：“我无罪。”云：“抑或前世有罪耶？”曰：“前世有罪我不知，来生享福我不求。”1996.4

· 郭某摊煎饼，小儿争先欲食。乃曰，可以先吃，吃饱后不准再吃。于是小儿先吃，饱；大儿再吃，又饱。夫人乃

吃，又饱。郭某乃烧油锅，烹炸自吃。1996.12

· 刘财主家一护兵，极悍。在一保长家，击保长一枪，未审死未，呼保长夫人曰："快来，枪走火了。"妇执灯近谛，脑浆四溅，大惊。乃扬长而去，为珍惜子弹云。解放时被逮，鞫之，曰："千思万想，不如挨枪。"二民兵押之赴刑场，忽告民兵："近来，有话嘱托。"民兵耳之，咬耳立下，曰："我再吃一个饺子吧。"1996.12

· 某人以千元购物，故少一张，使售货员数毕令补。则故为惊诧，佯再数，果然，立补一张十元券，售货员则纳之。而某再数之时，已隐藏数十张于袖中矣。1996.12

· 某人携妇人访友，谓妇人乃夫人也。不日，友人回访，开门者大人也，而此夫人非彼夫人。1996.12

· 赵某，路拾一妇人，携归同居，育一女。已二年，不知妇人姓字籍里。1996.12

· 某人以闲为业，以斗殴为能，三年七换妻。语曰："好好没有找，赖赖有人爱。"1996.12

· 郭某无妻，以卖鼠药为生，偏瘫，乃仰鼠药而死。1996.12

- 族伯父某，瘫痪有年，不食求死。伯母日以葡萄糖注射活之。语人曰：“我幸不死，必杀我妻。”1996.12

- “三年困难”中，我大姐于野外拾一穗玉米，为干部见，夺之。并尾随至家，掠一上衣为罚。1997.1

- 家父平生不愧屋漏，唯“三年困难”中，尝偷柿叶一掬，以果儿女之腹。1997.1

- “三年困难”中，大哥尝私刻食堂印章，手绘饭票，冒领食物，以活家人。今三十年已过，诸姊忆及，母亲乃遽令噤声，惊怖四顾。而大哥谢世已十余年矣。1997.7

- 二十世纪五十年代末，社员夜推水车，不挂链子，响声彻夜，而渠无涓滴。1997.1

- 1958年，大丰收。收红薯为赶进度，常薅秧了事，既而耕耙，红薯尽埋。1959年，大饥，耕作时，见猪拱地，乃急逐之，刨出腐薯以食。1997.1

- 时下农闲时，青壮尽出打工，村民有盖房起屋者，央人帮忙，不复无偿劳动矣。1997.1

- 民师某云，其进修考文凭时，每临考，交考务费多出规定

或至数十元。使有司赂监考。临考时，场内则可尽情参看他人考卷，往往满场过关。1997.1

· 某乡长，欲尽费其乡计划生育终结证，缴费另发。乡民哗然，牵牛羊集政府曰："无钱送礼，以牛羊为礼，盼有司早问。"政府严处之。1997.1

· 某中学麻将成风。一教师登讲台，见黑板未擦，问："今日谁做庄？"1997.1

· 某人欲油漆门窗，央其族兄，问价。族兄曰："自家兄弟，说啥价钱？"事毕又问，曰："拿600元吧。"盖倍其值。1997.1

· 语云："男人有钱就变坏，女人变坏就有钱。"1997.1

· 语云："大盖帽两头翘，吃了原告吃被告。"1997.1

· 语云："七两八两不醉，三步四步都会，上司说的都对，姑娘媳妇都睡。"1997.1

· 一妇人私二光棍。二光棍常互殴，村民谓之"争窝"。1997.1

· 某在京拉煤球，每天可挣二百元，高出通常工酬十倍。问之，曰：装煤球时，虚其内，充数算钱即可。1997.1

· 某商人以五万元回扣，四十万元衣服抵押，贷款二十万元，遂逸。信贷员发其衣服包装，内尽败絮耳。1997.1

· 年内股票日涨，买即获利。某城股民占总人口之百分之二十。电台发布行情时，街上清洁工皆废帚聆听。某科七人，开会时五人戴耳机，一人昼寝。科长曰："此风不可长。"午间，科长乃赴股市交易。1997.1

· 家父年七十，见同侪凋零，叹曰："譬如抹牌，快到这一张了。"1997.1

· 某愚直，其母入殓时，忽似微有鼻息，众皆曰少待。曰："夹点生吧。"1997.1

· 一老妪病，久不愈，使其子往七仙庙求药。其子遂灌坑水满瓶。饮之，问效，曰："起色矣。"又饮两瓶，遂愈。1997.1

· 祖父言，尝为人烧炕炕烟，夜则一仙家相伴，是年大利。后炕为主家用，烤烟乃不熟。乡人所谓"仙家"，白兔状，夜出昼伏。即不信鬼神者亦凿凿言之，而我未尝见。1997.1

· 郭某虐其幼子，使夜卧草垫，遗矢自食。后其子走失。及其老迈，异乡有寻亲者，急欲认，誓曰："我真是恁爹，若冒认，愿天打雷劈。"而客问幼年事，殊不合。客语邻人曰："休说非我父，即真我父，亦不相认。"1997.1

· 某伤人，其父急送伤者就医。其婶遂向其母讨债。其母曰："钱非我借，还债，亦当待其父还。"其父还，谓未向其婶借贷。其母问其婶，婶曰："想当然耳。"1997.1

· 某在西藏当兵，月寄家书以报平安。忽数月无消息，家人惶恐。而邻家女乃为其鬼魂附体，言死边塞事甚凄异。不日，乃复员回，邻女遂不复为附体矣。1997.1

· 某校校规，女生一律齐耳短发。长者短之，唯短者无以续之。1997.1

· 某校尝有一男生一女生以病以事死，后两家结为阴亲。1997.1

· 罗某言，少时因读《聊斋》，日盘桓乱葬岗，冀得艳遇，而终未遇。1997.1

· 1996年，中华养生益智功（简称"中功"）盛行，谓练到三步功，可开天眼，能透视乃至遥视。天眼，在额头正

中，神话中二郎神杨戬，有天眼者也。某单位练习者甚众，未见开天眼者。1997.1

· 柯云路有书名《新疾病学》者，题曰："我不病，谁能病我？"意殆种种疾病，都是自己想出来的。1997.1

· 1996年有呼啦圈热，自北京始，不数月而风靡全国，男女老少皆习之。又不数月，几绝迹矣。前数年有君子兰热，一盆能值数万，未几，不闻矣。再前数年有地龙酒热，谓蚯蚓泡酒，饮之能除百病，后科学论证，未见地龙酒有什药效，今市场已不见地龙酒。举凡黄帝口服液、三株口服液等等，今安在哉？1997.1

· 影星巩俐作美的空调广告，片酬百万，镜头仅一笑而已。时百万元，相当中学一级教师一百七十年工资。1997.1

· 某人烟瘾极大，于大风中点烟不着，曰："点烟不过三，过三不抽烟。"点三次不着，曰："点烟不过七，过七我不吸。"点七次又不着，急曰："管他三七二十一，啥时候点着啥时候吸。"1997.1

· 某人懒极，不好担水，老婆每抱怨。一日，担水满缸、满罐、满瓢、满碗、满盘、满勺，谓其妻曰："做饭再浪费一滴水，誓永不担水。"其妻竟日不敢做饭。1997.1

- 某人戒鸦片，嘱其妻曰："先倾财购鸦片，吸之生厌，乃戒。"所购既尽，又嘱其妻曰："千万不要惹我生气，否则前功尽弃。"其妻诺诺。乃卧床不起，候其妻和面，呼与把臂，其妻不允，于是生气，遂开戒矣。1997.1

- 梅兰竹菊四君子，四季皆绰约风姿者，岂兰与竹欤。琴棋书画四艺，琴、画要在绚烂中见平淡，棋、书要在平淡中见绚烂。1997.1

- 许昌有饭店名"闷呆火锅"，大书"呆饱是福"于店门。1997.1

- 有饭店联："东不管，西不管，酒管；兴也罢，亡也罢，喝罢。"1997.1

- 报纸采访一企业家致富经验，企业家侃侃而谈，末曰："总而言之，不倒不挣钱。"倒，方言，欺骗坑害之谓也。1997.1

- 卖烟叶，有裹泥块、湿水、缠碎末、优中夹次等法。1997.1

- 锄地，见砖头瓦块，往往掷往邻家田中。邻家锄地，亦复如是。1997.1

· 某翁偷一鸡，在家正煮时，连锅被人偷去。翁不胜怒，上街詈骂："我干什么的？你干什么的？我还没干什么的？你却干什么了。""干什么"，我乡方言音如"抓"，入声，或谓是"做什么"的合音。以音记之，当为："我抓哩？你抓哩？我还没抓哩你抓哩？！"恨不能明言耳。1997.1

· 某生产队处理一辆人力车。队长说："100块，谁要？"无人应。"90块，谁要？"无人应。"80块，谁要？"仍无人应。遂曰："10块，我自己要了。"1997.1

· 余少时认字，读中共九大章程，不日成诵。时文盲妇女亦常被集中于大队背诵，经数月，无人会背。1997.1

· 1976年，我乡仅公社烟站有12英寸黑白电视机一台。毛泽东逝，初中学生皆需到公社灵堂悼念，或有人逗留至晚间看电视，徒步十二里回家。1997.1

· 我族叔解放前尝在禹州药行学徒。其老板每饭毕，以水涮碗饮下，谓"一饭一粥，来之不易"。1997.1

· 借书本雅事，而十年来我借出图书，归还者十之四五，泥牛入海者十之五六。宋濂《送东阳马生序》谓其少时，借书手自笔录，计日以还，览之慨然。我所藏《史记》，借朋友阅，数催还，答云有暇即还，而今六年矣，终未还。藏《怀仁集王羲之书圣教序》，借朋友阅，索之，云未尝借。学生赠我《梁实秋散文集》，为朋友借，我度其必不还矣。此固以小人之心度君子之腹者，亦不顾耳。我架上无借人不还之书，不知“惠存”我书之人，偶检其藏，当作何想。转念终生聚书，当其终老，无如之何，反不如及身散之耳。1997.1

· 我好独往山中，谓之自适。令武山中有一沙梨树，兀然挺立林外，如人之孤僻者。天高地迥，春萌秋凋，岁岁年年，独立不迁，对之怆然。后携二三友游山，戏嬉之余，犹拳拳不忘，仍独往访，殆此情不可与朋友共者也。1997.1

· 与故人黄兆祥饮，凡三次。一在新乡凤凰山下潞王坟旁小饭馆，时值盛暑，坐草棚下，凉风习习，沁人心脾。每人啖烩面一碗，啤酒半升，共费两元。一在襄城紫云书院前望月亭旧址，吃饼干一袋，饮葡萄酒一瓶。我竟醉，醉而卧，酣睡有时，迤逦而还。一在焦作小饭馆，勉学猜拳，倾白酒半瓶。平生交游几陶醉，不相见久矣。1997.1

· 张玉玺每年赠我明信片一张，题词、书法精妙，人皆以为印刷品。玉玺尝来襄城，赠我《瘞鹤铭》，同游槲坡山，采迎春花以还。1997.1

- 王冰雪尝寄我沙枣花，虽已干透，异香袭人，中原无此尤物。“遥寄一枝春”，何等雅致。1997.1

- 数见江晓东，一盏灯，一卷书，一支笔，一册词典。人生如此，夫复何求？晓东与我皆不善饮，相与划拳行令，争相告输。1997.1

- 张中行文章，好用“卑之无甚高论”“率性之谓道”“人心之不同，各如其面”“帝力之大，如吾力之微”等语。1997.1

- 某县电视塔南，为新辟住宅区，自建屋舍皆华美。语云：“电视塔，朝南看，兔子窝，一大片，逮住枪毙没冤案。”1997.1

- 王洛、闫寨与吾村白塔寺郭鼎足而立，各相去十二里。族人某自王洛回，行十二里，见一村，问之，闫寨也。问闫寨去王洛几里，曰十二里，乃循原路回王洛，从王洛问得路途以归。人皆异之。1997.1

- 一人遛狗，狗险被车轧，曰：“差一点轧住我的狗腿。”1997.1

- 至襄城南关基督教礼拜堂，一妪在堂前高唱圣诗。语我

曰：“你若说‘感谢主’，天上就有你的名字。”我答曰：“感谢主！”1997.1

· 时下汽车多挂一小牌，上有伟人肖像，谓可避邪云。1997.1

· 汝州风穴寺有泉，或谓饮之能治百病。前年，金军饮之，遂腹泻。1997.1

· 贾平凹《废都》，至男女交合处，即以虚缺号代之，云此处删去若干字。似不忍写淫亵语，实则吊人胃口也。1997.1

· 某人购手镯一双，标价八万元，以二百成交。1997.1

· 我尝语人曰：“唯少年时恋爱，无功利，是真爱情。”而少年恋爱，多不成功，奈何？1997.1

· 我儿七岁，在郊外见雁阵，惊呼：“风筝，风筝！”大雁不可见，久矣夫。1997.1

· 江晓东谓《论语》，一句是一句。1997.1

· 禹州陈梓敬，不曾读书，语人曰：“我的学问是不成问题的。”1997.1

· 汤恩伯在禹州，向学生训话时，陈梓敬介绍说："下面，请汤军阀讲话。"汤立刻说自己不是军阀。陈梓敬急曰："谦虚！谦虚！您是老军阀。"1997.1

· 我村郭某，不识字，解放前入党，誓词为："谁有二心，死在刀枪之下。"后任支书，在劳模表彰会上说："我们只能打击我们的模范，不能保护我们的模范。"1997.1

· 语云："谁变蝎子谁蜇人。"1997.1

· 读《红楼梦》时，亦觉第五回描写秦可卿居室，语涉俚俗，不似大家手笔。而慑于芹溪声名，不敢自信。后读张中行《红楼献疑》，行公明指其疵，不能不佩服行公胆识也。1997.1

· 孔子极称管仲，后世愚忠者，非孔子之徒也。1997.1

· 传舞钢一教师，因工资拖欠，无以糊口，乃日馏（此为熟食再热之意，这里的意思是人家收过的田地里，再找剩余的庄稼。不知其字，暂借此字）红薯，拾柴火，煮而食之。孔子尝困于陈蔡，因此，乞丐奉孔子为祖师爷，与教师同一祖师。1997.1

· 子曰："吾未见好德如好色者也。"读《红楼梦》，何尝

不把自己想成宝二爷；读《金瓶梅》，难保不把自己想成西门庆。1997.1

· 某人有事烦某公。见，公曰：“今儿个我有事，夜儿个我也有事，前儿个你咋不来咧。”“前”天，“钱”也。1997.1

· 时下办事，有司曰“研究研究”。“研究研究”者，烟酒烟酒也，馈以烟酒，事则有望。顷又闻，时下送礼办事，以送现金了当，烟酒，赶不上潮流矣。1997.1

· 某乡卫生院欲达标上等，恐其工作人员素质不高，乃请县医院护士顶替其护士。1997.1

· 某教师监考时，专爱看漂亮女生。人或诘之，曰：“我尽职尽责也。”1997.1

· 某校推选曾宪梓奖，四位候选人投票，人各一票，皆以为当仁不让耳。1997.1

· 落霞艳于朝霞，朝露明于夕露者，稍纵即逝，不可挽留也。1997.1

· “别人的老婆”，恨不可据而有之也；“自己的孩子”，像自己也。1997.1

· “英雄末路”之所以感人者，自谓是末路之英雄也；“美人迟暮”之所以感人者，不可见其明眸皓齿也。1997.1

· 才子闻董小宛、李香君、柳如是事，恨不生于明时。1997.1

· 前世为妄诞，前世因缘岂有诸？“十步之内，必有芳草”者，就地取材，率其男女之性耳。1997.1

· 陶渊明曰：“采菊东篱下，悠然见南山。”今世采菊者，谓装枕头可以清热。1997.1

· 佛家以生老病死为四苦，生既苦矣，死又复苦？家父病中不堪痛苦，屡欲止药，以为大去可免痛楚，并言今世有“安乐死”甚佳，闻之凄然。盖人生世间，只是求生，苟有一线生机，岂可放过？人活着，究竟为什么？堂皇言之，奉献社会。奉献社会又为什么？社会是干什么的？人类又是干什么的？问到底，还是为生存，为生存得有意思。生存，安于现状，可周而复始。“使有什伯之器而不用”“鸡犬之声相闻，民至老死不相往来”“数罟不入洿池”“斧斤以时入山林”，就可以一代传一代，万世不绝矣。而人偏偏有欲望，人心之不同，各如其面，又人同此心，心同此理。人，至少是概而言之，“寡人有疾，寡人好货”“寡人有疾，寡人好色”，于是格物致知，于是逐鹿中原。安于原始如印第安人，就要落后，挨打，有灭种

亡族之虞。因此，求发展，不得已耳。1997.1

· 欲望有雅俗之分。俗，人人不可免，子曰吾从众。见肉不吃豆腐，穿时装而不穿树叶，出门坐奔驰而不坐手扶拖拉机，能娶西施就不娶无盐。雅，个别人才有。如孔子闻《韶》，三月不知肉味；苏轼“宁可食无肉，不可居无竹”；苏舜钦“汉书下酒”；张岱湖心亭看雪。雅事，要以饿不死为前提耳。1997.1

· 读诗，有时不求甚解，意味盎然；洎字字贯通，反觉平淡。1997.1

· 相知未必相爱，相爱必须相知。1997.1

· 语云：“国家花钱咱受罪，喝坏了肠子喝坏了胃，夫妻感情大倒退，时间长了跟人家睡。”1997.1

· 解放前，我家极勤俭。家慈生于1923年，尝言，未出阁时，已知方圆十里农户，我家茶饭最劣。先父尝言，我家年关例不购鞭炮烟火，邻居燃放时，长者令卑行拍手代之。除起屋、投师、谢媒之外，盖婚丧亦不置酒。家中妇女轮流做饭之外，一律下地劳作。一夕，妇女皆抱烟柴（即烟秆，可当柴），逾时不得食，先祖母腹痛告假，当家人勉强许可。是夜，生我二叔父。1997.1

· 邻人某呼其母为婶，甚怪。盖因其母亲尝卜，不当生而生之，乃令以婶呼之，意其他人之子也。1997.1

· 某人妻在一小饭店打工，为老板生一子，老板以饭店酬之。1997.1

· 相悦而不忍离分者，爱也；相持而不能离分者，恩也。少年执手相看，相悦也；老年执手相看，相持也。1997.1

· 少年时，为不值得哭的事，想哭就哭；中年时，值得哭的事太多，反而不哭；老年时，看什么都值得一哭，又不值一哭。1997.2

· 语云："找个爱自己的做丈夫，找个自己爱的做情人。"1997.2

· 家父七十余岁时云："村中之人，几全换矣。"岁月无情，大抵如斯。1997.2

· 村民欲建乡社，购狮子、旱船等。乃化缘于村中在外工作者。有在邻县为长官者，村民去，接待办极热情，村民归而皆叹曰："干啥都不胜当官。"1997.2

· 年前闲谈，论及为官、发财者，多非少年时学而优所致。

老辈人言及升官发财者，无不感奋。乃知有钱即荣，无钱即耻耳。在今世，钱之多少，即能力高下之唯一标准。1997.2

· 邻人打工，足迹遍中国，而余教书十年，犹足不踏外省。语云：“读万卷书，行万里路。”读万卷书，以时下书价，每册五元计，需五万元，可八年不吃不喝不穿衣服而致之。行万里路，则不知旅费又需几何矣。1997.2

· 解放前，一家七代单传，有地七顷，辟二亩麦场，下埋水缸，大小错落。收麦时，牲口蹄之，响彻数里，如“大珠小珠落玉盘”，夜间长工劳作，不易困倦。1997.2

· 孙某理发毕，觉胡茬不净，乃摸出五分钱说：“再刮五分钱的。”时理发价一角五分。1997.2

· 秦姓不与岳姓婚嫁，殆秦桧与岳飞不共戴天之故也。1997.2

· 旧时同姓多不通婚，唯四大姓人口既多，来源复杂，不以介意。语云：“某某某某不算人，一家还寻一家人。”1997.2

· 春日杨柳之风，吹面不寒；夏日荷芰之风，习习清凉；秋冬之风，肃杀凄惨，最难将息。太白“狂风吹我心，西挂咸阳树”，马致远“古道西风瘦马”，盖秋冬之风也。1997.2

· “大风起兮云飞扬”，沛公之风也；“凉风起天末”，少陵之风也；“昨夜西风凋碧树”，晏同叔之风也；“帘卷西风，人比黄花瘦”，李易安之风也。1997.2

· “相见亦无事，不来忽忆君”，不知何人所作，最是平淡中见至味。清何瓦琴“人生得一知已足矣，斯世当以同怀视之”，觉下联不无蛇足。余集陆游、晏几道句“寂寞开无主，殷勤理旧狂”，自谓不恶。郁达夫“曾因酒醉鞭名马，生怕情多累美人”，只知其美，不知美在何处。南京凉山扫叶楼联“落叶人何在，登楼思悄然”，读之潸然泪下。“本无外贼唯防我，各有来因莫羡人”，据云是李开先题乐山乌尤寺联，大好。1997.2

· 时下有两小品。其一为女婿文弱，东北丈母娘不喜，饮酒醉，发疯，因有男子汉气概，丈母娘大喜。又一为丈夫文弱，老婆欲别恋，饮酒醉，发疯，因有男子汉气概，老婆大喜。有无男子汉气概皆因酒疯而致耶？1997.2

· 我购《东坡题跋》（丁丑正月十四于平顶山），坐车回时，车上乘客见之，认定我必是教师。（彼时教师，皆有教师相。早期，着中山装，衣袋别钢笔，说话用书面语；后，体削瘦而面无光，衣素净而其值廉，人前不敢多言。领导人昔尝言，要把教师变成受人羡慕的职业，一教师曰，那可不敢，倘真受人羡慕，人家都来教书，咱连这饭碗也保不住了。今日，教师贫富相悬，或俨如成功人士，或甘于清贫，不可一概而论矣。）同车某先生毕业于郑州大学中文系，慨然为我讲“跋”是何意。后我以“题跋”为并列结构，他以“题跋”为偏正结构，争执不相让，不欢而散。归查《词源》：“书于前者称题，书于后者称跋，统称题跋。”与人口舌之争，终不及查证踏实。1997.2

· 我少时，语文老师讲“金钱豹”，谓豹子值钱，故称金钱豹。1997.2

· 荒僻大道，落叶盈尺，夕阳余晖，金光灿灿。伤怀之美，不能自已，说与友人，伊引为同调。1997.2

· 二胡凄凉，萨克斯凄婉；二胡如泣，萨克斯如诉。1997.2

· 十年动乱中，时国家干部每月供应面粉二十九斤。某曰：“二十九斤怎么够吃？”遂以污蔑社会主义而被打成“现行反革命”。动乱后，以副食充足，二十九斤面粉，固已够吃，而人心仍常怀不平。盖囊贫之于富，相去一尺，今富之于暴富，相去不止一丈。世不患贫而患不均耳。1997.2

· 管子曰：“仓廪实而知礼节。”此语不足信。近年国富民强，而吸毒、嫖娼死灰复燃。1997.2

· 《东坡题跋 · 书鲍静传》云："鲍静字太玄，东海人。五岁语父母云：本曲阳李氏，九岁堕井死。父母以其言访之，皆验。静学兼内外，明天文河洛书。为南海太守行部，入海遇风，饥甚，煮白石食之。"事近《聊斋志异》故事。我村人传说，解放前，村中一少年，见外地来做生意者，呼为儿子，言其家事甚详。又一小儿生三日能言，皆未忘前生之故也。此类事，以讹传讹，殊不足信。即耳朵听字、透视功能等，亦不可信。眼见犹未必为实，况耳听乎？1997.2

· 我与江晓东、王冰雪等论作文，皆谓高才来于多作。顷见《东坡题跋 · 记欧阳公论文》，欧阳修曰："无它术，惟勤读书而多为之，自工。"1997.2

· 张中行《负暄三话 · 乡关半日》末，语及"珊君陪伴"，有作《闲情赋》之雅兴。语涉锦瑟，令人低回。1997.2

· 公路路边店行规，长途客车进院，司机吃饭不要钱，乘客则不准出院活动。1997.2

· 我在河南师范大学（原新乡师范学院）上学时，某雕塑家在五五四教室讲学，记者为其照相时，乃凝视作雕塑状。怎奈记者技术水平低，反复调试不已，徒令雕塑家矜持。1997.2

· 陈景润讲学，先在大礼堂见学生。说：“我来到世界著名的新乡师院。”遂哄堂大笑。殆新乡师院并非世界著名，而师范大学，常令学子有自卑之感也。1997.2

· 同窗某曰：“师范大学生，谈朋友应在上学时。天之骄子，身价不低；一俟毕业，不过中学教师，则无问津者矣。”1997.2

· 同学某，期末考试前，必撕去教材中选学内容。1997.2

· 孙某与王某相恋，约看电影。孙去，而王未去。孙在影院苦等一夜，真现代尾生也。1997.3

· 在禹州公共汽车上，有登车售冰淇淋者，叫卖曰：“口香糖，吃着甜，吃了能活二百年；冰淇淋，吃着美，吃了半天不喝水。咬咬牙，狠狠心，吃个冰淇淋降降温。”1997.2

· 我中学老师朱老师言，除四害时，家乡人民公社曾令各生产大队同日同时追逐麻雀。敲锣打鼓，摇树登屋，期望麻雀无处可栖，无物可食，累饿而死。又明令中小学生每天交苍蝇一火柴盒，每下课铃响，儿童争奔厕所，稍迟，则人满矣。1997.3

· 解放初，我村小学欲招一女教师，村妇无识字者。区干部曰："何必识字，梳剪发头者即可。"王老师于是当选。王老师尝信基督教，略识数字，后经培训三月，终生教一年级。我村村民，十之八九，出其门下。1997.3

· 我教书时，有一同事颇有才，能丹青。"文革"中，尝画五大领袖像，下饰以大海图案。于是有人报告上级曰："他想淹死伟大领袖。"又为其岳丈画毛泽东像。其岳丈飨以花生。又有人报告上级曰："此人以伟大领袖换花生。"1997.3

· 族五奶下巴常脱臼，俗称"下巴掉了"。时族弟某年幼，每闻五奶下巴掉了，即遍地为之寻找。1997.3

· "文革"时，大队干部开会，每人必唱一段样板戏。贫协郭某不会唱，总是高呼一句："磨剪子唻戗菜刀——"1997.3

· 进口尿素之尼龙包装，坚实远胜普通布料。有缝而为衣者，脊梁背一巨大"尿"字。1997.3

· 某人在饭店点一"蒸个鸡"，遍寻只一只鸡腿。质诸老板，老板曰："鸡也有残疾。"1997.3

· 某翁入城市，吃饭时，站小饭馆灶前苦等，过午未得。询

之，曰："每锅总是刚好盛完，怎好去争？"盖其不知需先点饭也。1997.3

· 族叔某新婚回门，岳父飨以宴席。既终，曰："这就算吃过了？怎么没有汤面条？"1997.3

· 某人师范大学毕业后，分配至高中任教。学生某曰："他怎么能教我？他不过四年级毕业，我都八年级了。"盖其高中毕业后，连续复习八年，尚未中试。1997.3

· 丰乳霜广告曰："没什么大不了的。"1997.3

· 1978年至1982年，我上高中，男女同学例不交言。1997.3

· 愁，看破了都是强作愁；苦，吃透了都是自作苦。1997.3

· 广告曰："某某酒，喝了不上头。"王某曰："喝了不上头，还不如喝健力宝。"1997.3

· 坐办公室，看报则可，看书则有酸气。1997.3

· 前年，我在某著名寺院购《阿弥陀经·观音菩萨佛号》，询价，小沙弥"四""十"不分。付款时，说是十元，甚清晰。欲讲价，沙弥曰："出家人不打诳语，十元就是十

元。”1997.3

· 某厂生产卫生纸，包装上大书“御用”二字。1997.3

· 村人某田间劳作，暴雨突至，人争奔檐下避雨，而其步履如常。或急呼之，则曰：“慌什么，前边不是也在下雨吗？跑得快就近了吗？”1997.4

· 艺术家不一定是长头发，长头发不一定是艺术家。1997.4

· 范某信某功，尝路遇数人，索抽烟钱，欲启钱包予之，而钱包被攫，了无忿色。语人曰：“这是我前世欠他们的。”1997.5

· 某教授乘车遇劫，袋中钱如数予之。临下车，忽觉另一衣袋有钱，急呼劫匪，全数予之。1997.5

· 董某好读书，手不释卷。做饭时一手执书，一手执勺。慕马克思，乃留长发；慕鲁迅，乃留短须，遂有狂人之目。吾亦欲狂，恨不能也。1997.7

· 某女好跳舞，其夫曰：“叫人搂住都恁舒坦？”1997.7

· 《四库全书·提要》评《宋史质》曰：“自有史籍以来，

未有病狂丧心如此人者，其书可焚，其版可斧。”《宋史质》作者王洙，明正德进士。其书将辽、金列于外国，有元一代亦尽削年号。以明太祖之高祖追称德祖元皇帝，于元大德三年承宋统。1997.7

· 报载，青海某地“花儿”（民间歌曲），历史悠久，群众喜闻乐见。今年节会间，外地多家歌舞团表演脱衣舞，观者如堵，而“花儿”台下冷落矣。当地有关部门责之以有伤风化，乡长辩曰：“脱衣舞乃瞬间展现之人体艺术也。”1997.7

· 书店开架售书，可任意观看，而人体艺术类书，或闭架，或裹以塑料薄膜，非买勿看。我在某县书店尝见人体摄影书放收款处，下粘一告示：看一次收费二角。1997.7

· 解放前，我村有卖水煎包者，有顾客来，乃呼其子曰：“小子，快给你姨父弄。”人或异之，即尊敬顾客，何至自抑如此？乃笑曰：“吾儿呼客人姨父，客人之子亦当呼我姨父，何亏之有？今世小儿辈见长辈夫妻，呼女则姨，呼男却是叔，实不如皆呼姨父也。”1997.7

· 今年纯净水大卖，不知他年有纯净空气出售否？1997.7

· 1997年7月1日，香港回归，是夜郑州放烟花。“面的”车

号1997、9771者，免费载客以庆。1997.7

· 特异功能，我不曾见，不敢信。同事黄某谓尝见空中合成药丸，我信黄某不妄语，而不信有此等事。1997.7

· 某先生欲评教授职称，恨无著述，乃恳某书作者，列名其后，许以推销书若干。书方出版，其人乃殁，事未竟成。1997.7

· 城市遛狗者甚多，狗必长毛呆脸，憨态可掬方佳。我在某小吃店，尝见一美女牵狗而入，分菜食狗。古人谓伉俪情深，无非“行则携手，坐则促膝”，今人与狗，差可仿佛。1997.7

· 某作家曰：“可以无爱，不可无情。”我不知其何意。1997.7

· 辜鸿铭以茶壶、茶杯为喻，肯定一夫多妻，岂知偌大箩筐，可盛无数黄瓜乎？1997.7

· 元好问《迈陂塘·雁丘词》，名句“问世间，情为何物，直教人生死相许”，经金庸小说引用，广为人知。而我独喜“老翅几回寒暑”句，说尽沧桑。1997.7

· 公共汽车中途转让乘客，谓之卖客。1997.8

· 时下各行业招聘员工，多要求两年工作经验，不知初涉世者何处打工。1997.8

· 每一次穿过交通混乱的十字路口，都有死里逃生之感。1997.8

· 偶披《大河文化报》，见南阳某人作恶多端，强奸妇女达九人十四次之多，且长期霸占一少女，该少女不堪其辱，服毒自尽，而此人尚被委任为某乡镇治安主任，身着公服，越发肆无忌惮。天下此类，绝非唯一。这令人深思，是当局皆为其蒙骗耶，或官匪一家，沆瀣一气耶？为禽兽蹂躏者，有四人为教师，她们会咽下这口气吗？她们担心告不赢，反而自己名誉扫地，她们会不会真的告不赢呢？1997.8

· 潘朱村某少年外出打工，到平顶山，遇一老者，飨以美食，游以公园，商定月薪，晚间，有车接去厂家。晚间，一闷罐车接走，至厂，则一山洞，不见天日，夜则闷罐车运出睡觉，寝室无窗，不辨西东。劳作极苦，并无工资，稍有怨意，则百般凌辱殴打，往往致残。少年尝逃，被逮，毒打后继续劳作。后潜至闷罐车底逃脱，有摩托车追赶，乃越铁路，幸列车适至，隔断追者，方克还家。少年报襄城县公安局，偕去平侦察，不能指认所在。忽见一闷罐车，极似向时接送者，公安人员急围之，见车上人亦皆着警服，实贼众也。又，邻村田间，尝弃数人，割舌不能言，折腕不能写，断踝不能行，几同尸首，无人看顾，则不日即死。传亦黑工厂中已不能劳作之人也。1997.8

· 美国流行艺术家麦当娜说："性交是肮脏的吗？只是在你不洗澡的时候。"1997.9

· 某城市四多：广场多、"夏利"多、下岗职工多、走台小姐多。1997.9

· 长春市文化广场一角，有伪满洲国国务院，现为白求恩医科大学之基础部。入门即商店，三楼张景惠之总理办公室内，陈列大量商品，供游人选购，古意荡然。1997.9

· 长春伪皇宫之同德殿，内有辽东第一碑——好大王碑，剥蚀几不辨字迹。御花园壁上镶魏、隋、唐刻石，尚暴露光天化日之下，年月加之，将来或亦将如好大王碑尔。1997.9

· 语云："不到北京不知道自己的官小，不到深圳不知道自己的钱少，不到东北不知道自己的胆小，不到海南不知道自己的肾不好。"1997.9

· 去年，郏县始有公交车；今年，襄城始有公交车。1997.9

· 美学大师宗白华记其初恋："而青春的心初次沐浴到爱的情绪，仿佛一朵白莲花在晓雾里缓缓地展开，迎着初升的太阳，无声地战栗地开放着，一声惊喜的微呼，心上已抹上胭脂的颜色。"1997.10

· 在黄河迎宾馆，见自考大学教务处出示校纪板报，有"不准谈恋爱，不准看夜市（录相厅通宵营业，彻夜观看谓之夜市）"等十条，排列齐整。而"不"字均被擦去，只约略可辨。1997.10

· 日前，全国第八届糖酒订货会在郑州召开，街头插满各色广告小旗。报载，小旗一夜之间，被哄抢大半，或拿回家做裤头云。我在街上见许多空旗杆，尚自兀立秋风。1997.10

· 豫剧大师马金凤，有"洛阳牡丹"之称，以七十五岁高龄粉墨登场，嗓音嘹亮，不减当年。余18、19日，观看其《杨八姐游春》《花打朝》。《花打朝》中，马先生台步如飞，令人赞叹。剧场观众，大都鬓有二毛，少壮者寥寥矣。东坡云，"但凡世之所贵，必贵其难"。戏远难于歌，而今世之人，喜歌而不喜戏。1997.10

· 语云："男人没有俩儿（俩儿，谓若齐人之一妻一妾。小三儿盖此时渐多矣），活得不潇洒。"1997.11

- 扬州中学特级老师某云，在上海，尝见一军人问路于某翁，翁曰："拿一块钱。"收钱毕，转身指路旁站牌曰："这就是。"1997.11

- 大学女生谈恋爱，语云："一年娇，二年挑，三年着了急，四年没人要。"1997.11

- 某酒醉，行近家门而不知，招出租车。方上车，司机谓已到，请下车。某拍司机肩曰："小伙子，以后开车要慢一点。"1997.11

- 我中学老师李海水，学物理，教体育，尝有学生获世界中学生运动会冠军。李老师上物理课，从不带粉笔，捡讲台上粉笔头使用。1997.11

- 英达云：王朔要表现的就是"卑贱者最聪明，高贵者最愚蠢"。1997.11

- 电视剧《宰相刘罗锅》风靡一时。张国立饰乾隆，风流倜傥；李保田饰刘墉，聪明绝伦；王刚饰和珅，狡诈贪婪。某小夫妻观剧，夫问妻曰："你是愿嫁乾隆，还是愿嫁刘墉？"妻曰："我看还是和珅好，长得不差，又会弄钱。"1997.11

· 30日，在河南影院看电影《有话好好说》。因正在人大换届选举期间，映片前先放国歌，屏幕预告要求观众起立。映国歌时，观众全部起立。1997.11

· 忽然备感萧瑟，觉行世数十年，仅剩几册日记而已。1997.12

· 某读古书，见“人道”二字或指性事。遂曰：“我要提倡人道主义。”1997.12

· 赵执信《海鸥小谱》，弁言称“以志吾过”，记其寻花问柳踪迹，不免喜形于色。时下地摊大案奇案兽行录之类，亦多以警世遮掩，其实勾当，人谁不知？1997.12

· 我见某功法招牌，上书人一旦信奉，便有宗师某法身护佑，灾祸不侵。神哉，不可量，不可思议矣。1997.12

· 日前，在肿瘤医院旁小巷，见“中国十大仙医神药”招牌，不拘何种癌症，药到见效，不日病除，如不能根治，分文不取云。1997.12

· 郑板桥句“看月不妨人去尽，对花只恨酒来迟”，郁然有豪气；“春风放胆来梳柳，夜雨瞒人去润花”，香艳而具巧思。1997.12

· 鱼之在水，鸟之在天，皆谓自由旷达之极，故有“海阔凭鱼跃，天高任鸟飞”之句。其实，鱼在水中，一刻不游，顺流而下；鸟在天上，片时不飞，坠落尘埃。正是心无一刻安，身无片时闲也。1997.12

· 柳如是既归钱牧斋，牧斋尝言：“喜姬肤之白、发之黑。”如是曰：“妾亦喜公之发如妾之肤，公之肤如妾之发。”1997.12

· 一人为某局长送礼后闲谈，局长曰，不久将迁新居。送礼者心直口快，率而对曰：“一定是在‘腐败区’盖的房吧？”局长大度，一笑了之。盖彼城有私宅区，俗称“腐败区”云。1998.1

· 语云：“某某要下乡，某某要下海，某某要下岗。”1998.2

· 传某人一家皆下岗，上街买肉，只买半斤，而掏钱时，竟然不够，摊主颇不悦。旁人劝摊主不必追究，摊主曰：“算了，就算给孩子吧！”其人大惭，回家后剁肉成饺子馅，拌以鼠药，一家啖之，尽死云。1998.2

· 《一瓢诗话》云：“看诗须知作者所指，才是贾胡辨宝。若一味率直己见，未免有吠日之诮。”1998.3

· 朱镕基当选总理，举行记者招待会，曰："不管前面是地雷阵还是万丈深渊，我必将一往直前，义无返顾，鞠躬尽瘁，死而后已。"1998.3

· 孔乙己原型为"亦然先生"。"亦然"盖绍兴读书人，家道败落，遂沿街卖食物，而不娴叫卖，乃尾随同行。同行叫卖既毕，先生则低声曰："亦然。"1998.3

· 吾乡襄城县王洛镇书店，至今尚挂"毛泽东思想宣传站"招牌。近年，平顶山商场重新装修，特保留楼顶"毛泽东思想万岁"铁制标语。1998.3

· 坐公共汽车，售票员云："现在不要脸的多了，不要钱的少了。"1998.3

· 史书记无盐之丑，曰"臼头深目"；记朱温之丑，曰"蜂目豺声"。1998.3

· 语云："一把手说话是绝对真理；二把手说话是相对真理；三四把手说话是有点道理；老百姓说话是岂有此理。"1998.3

· 某人好发奇论，但凡女士驳之，则曰："不要跟我对嘴！"1998.3

· 京城理发价奇贵，动辄数十元。街边理发摊，不施水，犹收费五元。1998.6

· 在文物市场，见售气功书法，款称带功书法。1998.6

· 日前吾乘车自家乡返郑，路遇盗贼，皆玄衣紫面，如影视中人物。在车上窥伺箱箧，略无顾忌。售票员颇稔其迹，预为提醒，举车幸安全。1998.6

· 在赁屋，每闻街上呼“爸爸”，则不禁出阳台观望，而固知其非吾儿也。仆在异乡，常念小儿，忆及慈父在日，念我之心何切。而我于我儿，严肃有余，温煦不足，常有悔意。1998.6

· 某一家，父母兄嫂皆下岗。其妹无业，学美容美发，初为学徒。某月工资二百余元，时价面粉每斤一元。1998.6

· 某欲调动工作，以厚币托亲戚转呈有力者，亲戚匿之，事遂不果。其资盖一年之工资也。1998.6

· 姜白石“冷月无声”“寒水自碧”二语，凄美。古诗“饮马长城窟，水寒伤马骨”，写寒意可谓绝唱。1998.6

· 某县骂街护林标语云：“偷一棵树死一口人，毁一棵树断子

绝孙”“偷树毁木，天打雷劈”“大人毁树遭雷打，小孩毁树折阳寿”“毁林出门轧断腿，偷树进门折断手”……1998.6

· 三十年写成的书，寿命至少三十年；三十天写成的书，寿命至多三十天。1998.6

· 语云：“高官不如高禄，高禄不如高寿，高寿不如高兴。”1998.7

· 语云：“下岗部长一走廊，下岗司长一礼堂，下岗处长一广场。”1998.7

· 同事王某善谐，见女同事拖地，曰：“拖恁干净啊，我帮你拖吧？”拖，谐“脱”。1998.7

· 某工地夜施工，噪声甚嚣，有司止之。工头儿曰：“战争年代扔炸弹咋不说噪声污染？大干社会主义没理，睡大觉反而有理？”1998.7

· 20世纪70年代，家庭贵重之物，为“三转一响”：自行车、缝纫机、手表、收音机。80年代，为“三双一彩”：双门电冰箱、双卡收录机、双缸洗衣机、彩色电视机。1998.7

- 《资治通鉴 · 赤壁之战》记刘备见周瑜，“备欲呼鲁肃等共会语，瑜曰：‘受命不得妄委署；若欲见子敬，可别过之。’备深愧喜。”“愧喜”，所愧盖提出要求不合适，所喜为周瑜严整。文言长于留白，令人继之以思。1998.7

- 语云：“当书记，当县长，不如床上躺一躺；七级工、八级工，不如裤带松一松。”（此盖当时讽失足妇女者。今贪腐之书记、县长，家资动辄万亿，固非失足妇女可比；七级工、八级工，则早已成历史概念矣。）1998.7

- 门神，传说出于唐代（更古老者为神荼、郁垒）。唐太宗李世民寝不得安，遂使秦琼、尉迟恭值夜。以大臣不堪久役使，乃绘画于门，以镇魔祟。后世门神或以书写代之，谓之“门方”。“文革”中，双扇门有大书“忠”“公”二字者，殆亘古未有也。1998.7

- 旧时乡间货殖，挑担者谓之“货郎担儿”，商品尽在一担之中。我少时，有挖篮串村者，谓之“找头发换针”。村妇以平日梳头所攒脱发，易针、线、头绳、顶针之属。今绝迹久矣。1998.7

- 季羡林记其中学英文老师批改作文，例不删修，而是一笔勾销，重写一篇，以为示范。又季羡林文章，好用“颐而乐之”四字。1998.7

- 语云："我爱你，就像老鼠爱大米。"1998.8

- 尝见启功书联："饮余有兴徐添酒，读日无多慎买书。"不知何人所作，下联感慨尤深。1998.9

- 语云："拉住姑娘的手，心里在颤抖；拉住情人的手，心里乐悠悠；拉住老婆的手，就像左手拉右手。"1998.9

- 米脂的婆姨绥德的汉，或谓貂婵米脂人，吕布绥德人。吕布实五原郡九原县，即今内蒙古包头九原人。河南禹州有小吕村，亦传为吕布故乡，不知何据。1998.10

- 扬州有"早上皮包水，晚上水包皮"之说，皮包水，饮茶也；水包皮，泡澡也。1998.12

- 去岁在扬州，公共汽车上有小女孩拉琴，颇惹人怜。曲毕，逐人收钱。1998.12

- 联语："人生实难，大道多歧。"甚精警。朱祖谋联："倔强犹昔，沉吟至今。"甚雄奇。1999.1

- 同事张某"大跃进"时为某大学学生，谓校方尝规定，每人每天作一首诗颂扬"大跃进"。1999.3

· 同事侯先生家乡有地主侯某，“文革”中遭批斗。时其女方十一二，人指其父问曰：“谁？”答曰：“地主分子侯某。”1999.3

· 郭沫若有诗句：“从长沙到湘潭，坐车三小时半，真方便。”世传“郭老郭老，诗多好的少”，据罗瑞卿之女罗点点所记，出郭沫若自己之口。1999.3

· 侯某云，旧时南方厕所甚简陋，男女之间，仅一木棍相隔，至可互借手纸。北方人遇此大窘，而南方人不以为意。1999.3

· 语云：“出门在外老婆交代：少喝酒，多吃菜；够不着，站起来；吃不完，带回来；我的老婆真可爱。”1999.3

· 语云：“感情深，一口闷；感情浅，舔一点；感情薄，喝不着；感情厚，喝不够；感情铁，喝出血。”1999.3

· 我在京，见一女子睫毛长可半寸，惊为天人。后在商店见出售假睫毛，乃知之矣。1999.4

· “大跃进”时，村民过春节，各领窝头一只、菜汤一碗。某人方欲进食，其同学路过。礼貌相让曰：“你吃么？”同学攫而食之。某人大怒，遂詈骂不止。二人由是反目，

数十年不相言语。近年方归好。1999.5

· 金圣叹所排天下才子书六部：《离骚》《庄子》《史记》《杜诗》《水浒传》《西厢记》。1999.5

· 梁宗岱极自负，“文革”交代中尝谓：《浮世德》翻译，全国我第一；英国现代诗翻译，全国我第一；教学我第一，学问我第一；等等。1999.5

· 歌星李娜，媒体盛传其出家，以为炒作故伎。俄见剃度后照片，是真出家也。1999.5

· 北约于5月8日以三枚导弹炸我驻南斯拉夫大使馆，新华社记者邵云环，《光明日报》记者许杏虎、朱颖殉职。5月12日骨灰还国，政治局常委俱往悼之。朱镕基泪如雨下。1999.5

· 董桥《说品位》记：梁启超向清华校长曹云祥推荐陈寅恪，曹问：“陈是哪一国博士？”梁答：“他不是博士，也不是硕士。”曹又问：“他有没有著作？”梁答：“他没有著作。”曹说：“既不是博士，又没有著作，这就难了！”梁大怒，说：“我梁某也没有博士学位，著作算是等身了，但总共还不如陈先生寥寥数百字有价值！”（事见黄延复著《陈寅恪事略》）1999.10

· 某人至欧洲，见蓝天白云之下，一牛悠然吃草，叹曰：“这里的牛也幸福啊！”1999.10

· 岳麓书院前有“自卑亭”，取登高者必自卑之意，绝佳。又院门联曰：“惟楚有材，于斯为盛。”气吞山河，不可一世。1999.10

· 《大字阴符经》无神，仆见而疑其赝品。《中国书法》1999年第10期李郁周著文论之甚详，真大快人心事也。《夏承碑》传为蔡邕作，亦仆见而疑其赝品者。1999.12

· 某言，省普及九年义务教育验收小组至其县，按规定，县电视台应向全县公布举报电话，县当局犯其难。后广电局与电业局忽得妙计，电视台公布电话时，全县除验收组下榻之宾馆外，一概停电，遂无电话举报者。乡间初中生流失现象多有，某县为迎接普九验收，乃令老师每人承包两名失学者入教室充数。1999.12

· 常恨史书作伪，强史就我。原以近代有此恶习，顷读梁启超《中国历史研究法》，乃知由来久矣。梁氏曰：“惟史亦然，从不肯为历史而治历史，而必侈悬一更高美之目的，如‘明道’‘经世’等，一切史迹，则以供吾目的之刍狗而已。其结果必致强史就我，而史家之信用乃坠地。此恶习起自孔子，而二千年之史无不播其毒。”孔子作

《春秋》，“寓褒贬，别善恶”，意不在史也。2000.2

· 今年春节，物价奇低，农村猪肉至三元一斤。政府多方刺激消费，收效似不显著。又今年春节，我到农村走动甚少，居然未见手书春联，书法绝矣。2000.2

· 20世纪60年代，海外传吴文藻、冰心夫妇服毒自尽。梁实秋闻之，乃作文悼念，引冰心语：“无话可说，天实为之。”后乃知误传。2000.3

· 老师某，任市书协秘书长时，家犹贫甚，常不用早餐，而以两口劣质白酒充饥。此闻诸另一老师。2000.3

· 语云：“红薯汤，红薯馍，离了红薯不能活。”此生活，我少年时亲历也。2000.3

· 年来谚语多失传，我欲录之，恨无暇采风耳。

1. 吃了冬至饭，一天长根线。
2. 麦盖三场被，头枕蒸馍睡。
3. 八月十五云遮月，正月十六雪打灯。
4. 二十四，扫房子；二十五，割豆腐；二十六，去割肉；二十七，去杀鸡；二十八，贴尕尕；二十九，去灌酒；年三十，包扁食；大年初一，撅屁股作揖。
5. 过了初五六，少酒没有肉。

6. 要有暖，椿树大如碗。

7. 好汉好汉你别苦，打罢春还冷四十五。

8. 椿树王，椿树王，你长粗，我长长，你长粗了做大梁，我长长了穿衣裳。

9. 月奶奶，黄巴巴，八月十五到俺家。爹织布，娘纺花，挣钱自己花。

10. 歪戴帽，狗材料，娶个媳妇卖杂嗑儿（杂烩菜）。

11. 花喜鹊，尾巴长，娶了媳妇不要娘。

12. 人老不主贵，刮风眼流泪，尿尿滴湿鞋，咳嗽屁出来。

13. 小枣树，弯弯枝，那顶上坐个小闺女儿。想吃桃，桃老毛，想吃杏，杏老酸，想吃果子面蛋蛋。

14. 雉鸡翎，砍大刀。恁那门里由俺挑。挑住谁，挑王魁。王魁没在家。挑恁姊妹仨。俺姊妹仨在家烙馍哩。挑恁那做活的。谁？

15. 头伏萝卜二伏芥，三伏里头种白菜。

16. 谷子上场，核桃满瓤。

17. 七月枣，八月梨，九月柿子红了皮。

18. 七月十五吃甜枣，八月十五吃甜梨。

19. 秋分早，霜降迟，寒露种麦正当时。

20. 秋分种蒜，寒露耩麦。

21. 月亮靠北崖（ái），有雨下不来。月亮靠南坡，有雨也不多。

22. 云正东，下一坑。云正南，水连连。云正北，锅炎墨（墨，方言读如没）。云正西，关爷老末（张飞行末）

骑马披蓑衣。

23. 秋后打雷发，大旱一百八。
24. 初一（十月）不下看十三，十三不下一冬干。
25. 稀麦稠豆倒（方言，坑骗）死人。
26. 吃不穷，喝不穷，打算不到要受穷。
27. 千打算，万打算，搁不住老天爷一打算。
28. 一九二九不出手；三九四九冰上走；五九六九，沿河看柳；七九河开；八九燕来；九九杨落地，十九杏花开。
29. 春打六九头。
30. 不听老人言，吃亏在眼前。
31. 光棍不治家，治家没一哈。
32. 房檐滴水照坑砸。

暂录至此，容后续之。2000.5

· 卖江米糖者叫卖：江米糖，江米糖，小孩吃了不要娘。2000.5

· 某著名中学招生，学生分数不及录取线者，需多交学费。三万元为基础，多至七万元。时余工资，一年万余元。2000.8

· 《宋史》记刘挚戒子弟曰：“士当以器识为先，一命为文人，无足观矣。”顾炎武与人书中尝引用之。2000.8

· 某老师云，中国书协主席、副主席每年卖字收入，约可千万，令人瞠目。书协领导实鱼龙混杂，滥竽充数者数不胜数。2000.8

· 韩愈“文起八代之衰”，出于苏轼《潮州韩文公庙碑》。2000.8

· 日前，《大河报》《河南商报》等载，敦睦路黑社会猖獗，戴墨镜，着黑衣，极似港台黑片，砸毁店铺，强索商品，屡见不鲜。又曾当众扒光一农妇及两少女衣服。2000.8

· 作家林贤治说：“国内谁能写好书啊！”2000.8

· 梅列日科夫斯基：“写的比发表的有意义，说的比写的有意义，再说到底，没有说出来的比说出来的有意义。”2000.9

· 侯朝宗与方以智、陈贞慧、冒襄称“四公子”，文有奇气。与魏禧、汪琬称“清初三家”。明亡后，朝宗应顺治八年河南乡试，中副榜。2000.9

· 王僧虔，南朝宋齐间人，王导五世孙，王羲之四世族孙。史载，南朝宋时，“孝武（刘骏）欲擅书名，僧虔不敢显迹。大明世，常用拙笔书，以此见容”。南朝齐时，“太祖（萧道成）善书，及即位，笃好不已。与僧虔赌书毕，谓僧虔曰：‘谁为第一？’僧虔曰：‘臣书第一，陛下亦第一。’上笑曰：‘卿可谓善自为谋矣。’”国人生存智慧发达，实几千年文化陶铸也。2000.11

· 报载，情人节期间，广州玫瑰可售八十元一支。白居易所谓“一盆深色花，十户中人赋”，非虚也。目下少年人好过洋节，蔚为风气。2001.2

· 齐庄公（吕光）与崔杼妻私通，崔杼杀之。齐太史书曰：“崔杼弑庄公。”崔杼杀之。其弟复书，崔杼复杀之。少弟复书，崔杼乃舍之。文天祥《正气歌》“在齐太史简”，即指此事。古史官忠于道统，勇毅果敢，令人敬佩。2001.3

· 晏婴立崔杼门外，曰：“君为社稷死则死之，为社稷亡则亡之。若为己死己亡，非其私昵，谁敢任之！”门开而入，枕公尸而哭，三踊而出。人谓崔杼：“必杀之。”崔杼曰：“民之望也，舍之得民。”（《史记》）晏婴不为庄公死，可谓通达。2001.3

· 周公曰：“夫政简不易，民不有近；平易近民，民必归之。”因知最高指示过多，非近民也。2001.3

· 阿克顿勋爵说：“权力导致腐败，绝对的权力导致绝对的腐败。”2001.3

· 巴斯噶说：“我认识的人越多，我越喜欢狗。”2001.9

· 近日，因无联系方式，买传呼一只。传呼，俗谓“拴狗绳”。2001.11

· 孟子曰：“古之君子，过则改之；今之君子，过则顺之。古之君子，其过也，如日月之食，民皆见之；及其更也，民皆仰之。今之君子，岂徒顺之，又从为之辞。”2001.11

· 商家为招揽顾客，以一元卖彩电，有为抢购而挤伤者。2001.12

· 雍正间，以“维民所止”为乡试题者被杀，盖意“雍正去头”也。雍正亦知仅凭此四字不足服众，乃使人发其日记，其中多悖逆语。以日记罹祸者，古已有之耳。2011.12

· 左宗棠晚年对客，滔滔不绝，只说两事：其一，西北边陲建功；其二，曾国藩不德。2002.1

· 洪秀全称帝，日湎后宫，不理朝政。金陵被围，粮食不继，揉草为丸，谓之“甜露”，令民食之。2002.1

· 拙荆来，同事皆欲一见。予戏曰："无甚观赏价值。"同事亦戏曰："但有历史价值与实用价值。"2004.8

· 朋友某擅篆刻，为人谦逊，而为艺自负。尝指其作品曰："能此者，余汉后一人而已。"2004.8

· 山东陈某，指河南胡某剽窃其书法作品，来指认。胡出原作，陈致歉。此事公诸报纸，一人电予曰："此炒作耳，汝入人彀中矣。"2004.8

· 某楹联展在某市举办，其市入选十八人，居多为行政官员。2004.9

· 红枣白露始熟，白露前所售，皆落枣也。2004.10

· 一人饮酒醉，推自行车以归。跌倒，强起，语其自行车曰："不能喝还喝，快站起来走！"车不动，怒曰："我再喊三声，不走我就自己走了。"乃呼："走、走、走。"车不动，乃扬长而去，遂亡其车。2004.10.

图书在版编目（CIP）数据

竹堂闲话 / 孟会祥著．— 郑州：海燕出版社，2015.1（2017.1 重印）
（竹堂文丛）
ISBN 978-7-5350-6138-6

Ⅰ．①竹… Ⅱ．①孟… Ⅲ．①散文集－中国－当代 Ⅳ．① I267

中国版本图书馆 CIP 数据核字 (2014) 第 297735 号

选题策划　黄天奇
责任编辑　朱立东
美术编辑　韩　青
装帧设计　张　胜／生生书房
责任校对　李培勇　朱会娟
责任印制　邢宏洲
责任发行　贾伍民

出版发行　海燕出版社
（郑州市北林路16号　邮编：450008）
发行热线　0371－65734522
经　　销　全国新华书店
印　　刷　河南大美印刷有限公司
开　　本　32开（890毫米×1240毫米）
印　　张　5.75印张
字　　数　110千字
版　　次　2015年1月第1版
印　　次　2017年1月第2次印刷
定　　价　20.00元